공부의 쓸모

공부의 쓸모

서울대 의대 수석의
혼공 바이블

송영섭 지음

다산에듀

"수석이라고요? 도대체 어떻게 공부했어요?"

"수석이라고요? 도대체 어떻게 공부했어요?", '서울대학교 의예과 수석 합격'이라는 내 이력을 보고는 이렇게 질문해 오는 사람들이 있다. 이런 질문을 받으면 나는 웃으며 얼버무리곤 한다. 남들은 모르고 나만 아는 공부 비법이 있는 것도 아니고 대단한 공부 스토리도 없기 때문이다.

내가 처음부터 전교 1등이었던 것은 아니다. 초등학교 때는 중간고사나 기말고사 날짜도 모르고 틈만 나면 게임하고 놀기 바빴다. 중학교 때부터 상위권을 맴돌긴 했지만 전교 등수를 따질 수준은 아니었다. 중학교 3학년 말까지 과학고가 존재하는지도 몰랐고, 집 근처에 외고가 있다는 사실을 알았을 때는 이미 지원서 접

수 기간이 지난 상태였다. 지원했어도 당시 내 성적으로는 아마 불합격했을 것이다.

그러다 고등학교 1학년 1학기 기말고사 때 전교 1등을 차지하면서 모든 것이 바뀌었다. 나를 보는 선생님과 친구들의 시선이 달라졌다. 심지어 중간고사에서 전교 1등을 했던 학생이 쉬는 시간에 나를 찾아오기도 했다.

그때 나는 내가 남들보다 잘하는 재주가 하나라도 있다는 사실을 깨달았다. 이후로 공부는 학창 시절 내내 나의 정체성이자 자존감의 근원이 되었다. '공부 잘 하는 학생'이라는 이미지를 포기하고 싶지 않았고 내가 끝까지 공부를 해낼 수 있는 큰 계기가 되었다. 공부는 의무감만으로 할 수 있는 것이 아니라 반드시 공부동기라는 감정이 동반되어야 하기 때문이다.

. . .

이런 나는 어떻게 공부했을까? 나는 과외를 받아 본 경험이 없다. 입시학원을 다녔지만 나 혼자만 특별한 수업을 받은 것은 아니다. 고등학교 강제 야간자율학습은 전교생이 다 같이 참여했다. 고등학교 1학년 때 집중력을 높여 준다는 MC스퀘어를 한 달 정도 사용해 봤지만 효과가 없었다. 가장 인기가 많았던 학습지를 하나 구독했지만 잘 만든 문제집일 뿐이었다.

내가 어떻게 공부를 잘하게 되었는지를 곰곰이 생각해 본 끝에 도달한 결론은 단기간에 '혼자 해낸 공부의 양'이 많았다는 것이었다.

내가 자신 있게 말할 수 있는 한 가지는 고등학교 시절, 나보다 혼자서 공부를 많이 한 사람을 본 적이 없다는 사실이다. 과목별로 보면 나보다 수학을 많이 공부했다고 인정할 만한 사람은 있었다. 하지만 전체 양으로 볼 때는 내가 가장 많았다고 감히 말할 수 있을 정도였다.

공부를 잘하는 학생은 혼자서 공부하는 시간이 많다. 그런데 이 혼자 공부하는 시간은 스타강사의 수업처럼 재미있거나 쉽지가 않다. 내가 이해 못 해도 그냥 지나가는 수업과 달리 진도도 느리다. 실제로는 자기가 내용을 제대로 이해하지 못했다는 사실과 마주해야 하기에 괴롭기까지 하다.

하지만 수업은 어디까지나 자습시간에 공부해야 할 내용을 소개해 주는 것에 지나지 않는다. 또 남이 설명하는 것을 듣기만 하는 것은 공부가 아니다. 들어서 이해하는 것과 진짜 아는 것은 다르며 공부는 결코 남이 대신 해줄 수 없기 때문이다.

사람들은 입을 모아 공부를 잘하고 싶다고 말하면서 대개는 더 적게 공부하고 더 좋은 결과를 얻기 바란다. 하지만 혼자 공부의 절대량을 채울 생각도 없이 효율이나 요령만 따지면 가장 중요한 핵심을 놓치기 쉽다. 그러니 공부량을 줄여 보겠다는 생각은 머릿속에서 지우길 바란다. 원칙은 일단 혼자 많이 공부해야 한다는 점이다. 그리고 그 어떤 공부법보다 혼자 많이 공부할 수 있는 방법을 모색해야 한다.

...

"유튜버 될 건데 왜 수학 공부해야 하나요?" "콩나물 사는데 적분이 필요한가요?"라며 공부의 쓸모에 대해 회의감을 가지는 이들이 많다. 그 말도 맞다. 공부로 비교적 안정된 삶을 살고 있는 내가 볼 때도, 공부는 절대 인생의 다가 아니다. 그럼에도 나는 학창시절에 하는 공부는 필요하다고 생각한다.

우리가 종종 잊어버리는 사실이 있다. 공부는 어디까지나 목표가 아니라 도구가 되어야 한다는 사실이다. 입시나 각종 자격증 등 사회에서 당당한 생활인으로 살아가기 위한 토대를 만드는 공부라면 더더욱 공부는 쓸모가 있다. 그러니 고작 수능과 입시, 자격증 시험 등에 오래 붙잡혀 있으면 안된다. 우리의 목표는 이런 입시 공부를 통해 진짜 목표, 꿈이라는 것을 이루어야 한다는 점이다. 그러니 해치워야 할 공부라면 자신의 모든 것을 걸고 승부를 보자. 그후 진정한 앎의 세계로 배움의 길로 나를 채우는 공부로 나아가자.

이 책에는 특출날 것 없던 내가 서울대 의예과 수석까지 할 수 있었던 과정과 방법이 담겨 있다. 혼자서 공부를 할 때의 마인드부터 공부의 효과를 극대화하는 방법과 기술, 교과서를 통으로 외우는 노하우까지 혼자 공부법의 전반을 다루었다.

공부 잘하고 싶은가? 나에게 공부를 잘하고 싶다는 소망은 '시험을 잘 보는 것'이었다. 너무 솔직한가? 하지만 나는 시험이 없었다면 공부를 할 필요성을 못 느꼈을 것이다.

많은 시험이 상대평가다. 시험은 문제와 자신 사이의 싸움이라고 말하지만 실은 그렇지 않다. 대부분의 시험은 같은 목표를 가진 경쟁자들과의 싸움이다. 그런데 경쟁자 중에는 자신보다 좋은 환경에서 공부한 사람도 있고 머리가 비상한 사람도 있다. 천재도 몇명 섞여 있을지도 모른다. 그러나 더 중요한 사실은, 경쟁자 중에는 자신보다 더 간절한 소망을 품고 더 죽을 각오로 노력한 사람도 있다는 점이다.

죽을 각오로 최선을 다해 노력하는 것은 결코 쉽지 않다. 그런데 자신도 공부로 꿈을 이루고 싶다면, 경쟁자들 중에 이 쉽지 않은 것을 해낸 사람들이 있다면, 여러분도 해내야만 한다.

전교 1등이나 수석은 못 이룰 꿈이 아니다. 이 책을 읽고 있는 여러분이라면 졸업 전에 전교 1등은 꼭 한 번 해보겠다는 목표를 가져 보길 바란다. 한 번이라도 전교 1등을 하고 나면 계속 유지하고 싶은 욕심이 생긴다. 그러면 공부는 생각보다 힘들지 않게 된다.

여러분이 이러한 목표를 가지고 나와 같은 방법으로 시작해 본다면 공부가 한결 편해질 것이다. 더불어 자신에게 만족하지 못했던 스스로가 공부를 통해 무한히 뻗어 나갈 수 있는 존재라는 사실을 깨닫게 될 것이다.

송용섭

차
례

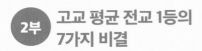

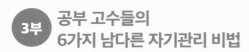

3부 공부 고수들의 6가지 남다른 자기관리 비법

4부 시험을 절대 망치지 않는 6가지 기술

5부

공부가 우리에게
갖는 의미

○

공부의 쓸모

1부

공부가 뒤바꾼 인생, 소심한 아이에서 서울대 의대 수석으로

01 잘하는 게
아무것도 없는 아이

우리는 단 한 번의 인생을 산다.
하지만 제대로 산다면, 한 번으로 충분하다.

_메이 웨스트 Mae West, 미국의 영화배우

○ 반전을 이루다

내가 서울대 의대에 수석으로 입학했다는 사실을 알게 된 사람
들은 질문하곤 한다.

"어렸을 적부터 공부를 무지 잘했겠네요?"

사실을 말하자면, 나는 특출나게 잘하는 것이 별로 없는 아이
였다. 공부도 눈에 띄지 않는 정도였고 운동도 못했다. 사교성이
나 리더십이 있는 성격도 아니어서 친구도 별로 없었고 겁이 많은

소심한 아이였다. 고백하건대, 한동안 싸움 잘하는 반 친구의 부하 노릇을 한 적도 있었다. 당시에는 '왕따'라는 말이 없던 시절이었지만 돌이켜 보면 내가 사실상 왕따나 다름없었다.

초등학교를 졸업할 때까지 중간고사나 기말고사가 언제인지도 잘 모르고 살았다. 그만큼 공부는 나 몰라라 했다. 시험은 공부 잘하는 아이들이나 신경 쓰는 것으로 여겨졌다. 학원도 글짓기, 서예, 태권도 정도만 간간이 다녔다. 내가 가장 몰두했던 것은 바로 게임이었다. 집에 있는 시간에는 거의 게임만 했다. 게임하며 놀기에 바빠서 다른 것은 할 겨를도 없을 정도였다.

나의 부모님은 자식 교육에 유난을 떠는 분도 아니었지만 그렇다고 완전히 나 몰라라 하는 분도 아니었다. 그저 대한민국 평균 정도의 관심을 갖고 계셨다. 부모님은 종종 걱정스러운 얼굴로 내게 공부 좀 해야 하지 않느냐고 말씀하셨다. 그러다 어느 순간부터 부모님의 잔소리가 멈추었다. 잔소리해 봤자 별 효과가 없다는 사실을 깨닫고 포기하셨던 것 같다.

그때 부모님은 나를 보며 저렇게 실컷 게임을 하다 보면 오히려 금세 질려서 그만하게 될 거라 생각하셨다고 한다. 그러나 고등학교는 물론 의대에 다닐 때도 게임을 했으니 부모님의 예상은 빗나가도 한참 빗나간 셈이다.

그랬던 내가 입시 경쟁에서 받아 든 결과물은 서울대 의대 수석 입학이었다. 몇 년 후 한창 의대 생활을 하고 있을 때, 같은 동네 출신인 의대 후배가 내게 이렇게 말했다.

"형이 그 전설적인 선배군요! 동네에서 공부로 형 되게 유명했잖아요."

나는 어떻게 해서 그런 반전을 이룰 수 있었을까?

○ 내 인생의 첫 번째 터닝 포인트

내 인생의 첫 번째 터닝 포인트, 그것은 아이러니하게도 부모님조차 포기하셨던 나의 게임 중독이 계기가 되었다.

당시 나는 친구들에 비해서 한두 단계 성능이 낮은 컴퓨터를 가지고 있었다. 요즘은 인터넷이 워낙 발달해서 대부분 온라인으로 접속해 게임을 즐기는데, 그때만 해도 먼저 게임 파일을 컴퓨터에 깔아 놓고 그것을 실행시켜야 했다. 그런데 내 컴퓨터가 워낙 성능이 떨어지다 보니 친구 컴퓨터에서는 멀쩡하게 실행되는 게임 파일이 내 컴퓨터에서는 실행되지 않는 경우가 많았다. 하지만 안 그래도 게임을 못마땅해하시는 부모님이 새 컴퓨터를 사 주실

리는 만무했다.

공부에는 별 관심이 없던 것과는 대조적으로 나는 게임 앞에서만큼은 집요했다. 컴퓨터 내부의 주요 프로그램을 이리저리 조작해서 기어이 게임을 실행시켰다. 자꾸 그러다 보니 어느새 나는 또래들은 물론이고 웬만한 주위 어른들보다도 컴퓨터를 잘하는 아이가 되어 있었다.

그러다 초등학교 5학년이던 어느 날 친구 집에 놀러 갔다. 내게는 몇 안 되는 친구 중 하나였다. 그 친구 집에는 내 것보다 훨씬 좋은 컴퓨터가 있었는데 무슨 문제가 있는지 잘 작동되지 않았다. 친구는 게임을 실행시킬 수 없다며 난감해했다. 하지만 내 눈에는 뭐가 문제인지 금세 보였다. 컴퓨터를 잘 모르는 사람에게는 복잡할 수 있지만 사실 간단한 문제였다. 내가 문제를 해결해서 게임을 실행해 보이자 친구는 눈이 휘둥그레지며 감탄했다.

나와 달리 그 친구는 무척 활달하고 사교성이 좋은 아이였다. 그렇다 보니 내가 컴퓨터를 잘한다는 사실이 다른 아이들 사이에서도 금방 퍼졌다. 컴퓨터에 문제가 있는 아이들은 너도나도 내게 와서 부탁했다. 그럴 때마다 나는 여러 아이들의 집에 가서 컴퓨터를 고쳐 주었다. 어느새 나는 아이들의 사이에서 이렇게 통하고 있었다.

'컴퓨터 잘하는 애'.

내게는 하나둘 친구들이 생겨났다. 나 스스로가 누군가에게 필요한 존재가 될 수 있다는 사실을 알고 나니 자신감을 가지고 친구들을 사귈 수 있었다. '나도 무언가 잘할 수 있구나' 하는 생각이 들었다. 내 인생 최초로 마음속에 '자존감'이라는 감정이 싹트기 시작했다.

나는 컴퓨터를 고쳐 주면서 새로 사귄 친구들 중에서도 특히 J라는 친구와 어울려 다녔다. J는 반에서 알아주는 우등생이었다.

하루는 J가 방과 후 어머니 교실에서 같이 수학 수업을 듣자고 제안했다. "친구 따라 강남 간다"라는 속담처럼, 나는 J를 따라 방과 후 어머니 교실에 등록했다. 물론 이참에 열심히 공부해서 J처럼 우등생이 되어 보겠다는 생각 같은 것은 전혀 없었다. 친한 친구와 더 많은 시간을 같이 있고 싶었을 뿐이다.

방과 후 어머니 교실의 수학 선생님은 『생각하는 수학』이라는 교재로 수업을 하셨다. 평소 수학 수업에서는 단순한 계산만 반복해야 했는데, 이 수업에서는 달리는 기차 속도 재기, 달리기 경주의 승자 예측하기, 물건이 바닥으로 떨어지는 데 걸리는 시간 재기 등 실제 있을 법한 상황을 예시로 들어서 수학을 다루었다. 수학에는 관심이 없던 나도 제법 흥미를 느낄 수 있었다. 하지만 흥미로운 것과는 별개로, 수학 문제를 잘 풀지는 못했다. 평소에 워낙 공부를 안 했으니 쉬운 문제도 자꾸 틀렸다.

그날도 역시나 나는 간단한 계산을 잘못해서 답을 틀렸다. 풀이 죽어 있는 나를 보고 수학 선생님께서 이렇게 말씀하셨다.

"J가 용섭이보다 계산은 잘하지만, 용섭이가 J보다 응용력은 좋아."

문제를 틀렸는데도 꾸짖기는커녕 칭찬해 주신 것이다. 당시 내 수학 실력은 우등생인 J는 물론이고 다른 친구들과 비교해 보아도 결코 잘하는 수준이 아니었다. 하지만 수학 선생님은 그 사실을 잘 알면서도 내게 용기와 자신감을 불어넣어 주셨다.

'나도 공부로 칭찬을 받을 수 있구나!'

그때까지 나는 그 누구에게서도 공부로 칭찬을 받아 본 적이 없었다. 수학 선생님의 그 말씀이 내 인생에서 공부로 받은 최초의 칭찬이었다. 나 스스로 어찌나 놀랐던지 20여 년이 지난 지금까지도 그 순간이 생생하게 기억난다.

『칭찬은 고래도 춤추게 한다』라는 책이 있다. 세계적인 경영

컨설턴트 켄 블랜차드가 지은 책으로, 이 책에 따르면 조련사들이 고래를 훈련시켜 멋진 쇼를 하게 만드는 비결은 바로 칭찬이라고 한다. 마찬가지로 사람도 칭찬을 받으면 더 노력하게 되고 그만큼 더 큰 성과를 거두게 된다는 것이다.

바로 내가 그랬다. 그 칭찬을 계기로 수학이 점점 좋아지기 시작했다. 다른 과목은 여전히 소홀히 하면서도 수학만큼은 자꾸만 공부하고 싶었다. 그다음 해인 초등학교 6학년 때는 교내 수학 경시대회에서 금상을 받기도 했다. 나 스스로도 깜짝 놀랄 결과였다. 친구들 사이에서 '컴퓨터 잘하는 애'로 통하던 나는 어느 날부터인가는 이렇게 통하고 있었다.

'수학 잘하는 애'.

친구들에게 공부로 인정받는 것이 너무도 기분 좋았다. 나는 '수학 잘하는 애'라는 타이틀을 놓치지 않기 위해 수학 공부만큼은 손에서 놓지 않았다. 그러다 보니 어느 순간부터 수학뿐 아니라 다른 과목에도 자연스럽게 눈길이 갔다. 수학을 열심히 하니까 성적이 올랐으니 다른 과목도 열심히 하면 성적이 더 많이 오를 수 있을 거라는 판단이 들었다. 다른 과목들까지 잘해서 더욱 인정받고 싶었다. 그렇게 공부에 익숙해져 갔다.

초등학교를 졸업하고 중학교에 들어간 나는 담임 선생님과 첫 면담을 하게 되었다. 공부 목표가 무엇이냐는 담임 선생님의 질문에 나는 우선 반에서 10등 안에 들고 싶다고 말씀드렸다. 그러자 담임 선생님은 어처구니없다는 듯이 웃으며 말씀하셨다.

"들어올 때 성적이 이미 반에서 2등인데 무슨 소리를 하는 거니?"

나 자신도 모르게 어느새 나는 '수학 잘하는 아이'에서 '공부 잘하는 아이'로 성장해 있었던 것이다.

02 나는 생각보다 별것 아니었다

썰물이 빠졌을 때 비로소
누가 발가벗고 헤엄쳤는지 알 수 있다.

_워런 버핏 Warren Buffett, 미국의 사업가이자 투자가

○ 외고? 그게 뭔가요?

초등학교 때에 비해 중학교에서는 성적이 꽤 올랐다. 최상위권은 아니지만 반에서 상위권 정도는 되었다. 바라던 대로 나는 '공부 잘하는 애'로 통했다.

그렇다고 공부에만 매진하는 수준은 결코 아니었다. 평소에는 친구들과 어울려 PC방을 다녔고 좋아하는 만화책도 꼬박꼬박 챙겨 보았다. 밤늦게까지 게임을 하고 난 후 수업 시간에 꾸벅꾸벅 졸다가 선생님께 혼나는 일도 여러 번이었다.

내심 '이 정도 성적이면 됐지 뭐' 하고 생각했던 것 같다. 당시

나는 명문대에는 관심도 없었다. 반에서 상위권에 드는 것만으로도 감지덕지한 마음이었다.

그러다 나를 바짝 긴장하게 만든 사건이 일어났다. 중학교 3학년 2학기 때의 일이었다. 하루는 담임 선생님께서 외국어고등학교에 지원할 사람은 원서를 제출하라고 하셨다. 그 말씀에 나는 깜짝 놀랐다. 외국어고등학교라고? 공부 잘하는 학생들만 가는 고등학교가 따로 있다니! 처음 알게 된 사실이었다.

선생님의 말씀을 듣고도 외고가 정확히 어떤 학교인지는 이해하지 못했다. 다만 공부 잘하는 학생들만 갈 수 있다는 사실만큼은 머릿속에 콱 박혔다.

나는 덩치도 왜소하고 겁도 많은 아이였다. 중학생이 된 후로는 상황이 나아졌지만 그래도 행여나 불량기 있는 아이들에게 잘못 걸리지 않을까 늘 불안했다. 그런데 외고는 공부 잘하는 학생들만 갈 수 있으니 거친 아이들은 전혀 없을 것 같았다. 외고가 어떤 학교인지는 잘 몰라도 어쨌든 외고에 가고 싶어졌다. 하지만 내심 그동안 외고 입시 준비를 하나도 하지 않았다는 사실이 마음에 걸렸다.

며칠을 혼자서 고민하다가 결국 교무실로 찾아갔다. 담임 선생님께 가서 외고에 지원하고 싶다고 말씀드렸다. 그런데 담임 선생님은 나를 한심하다는 눈빛으로 쳐다보셨다. 외고 지원서 접수 마감일이 이미 지나버렸던 것이다.

결국 나는 별 선택의 여지 없이 집 근처 인문계 고등학교에 진학했다. 애꿎게도 내가 마음속에 품었다가 지원서 접수 마감일도 몰라서 지원조차 못 했던 바로 그 외고와 같은 운동장을 쓰는 학교였다. 고등학교에 입학한 나는 그래도 명색이 인문계 고등학교이니까 소위 일진이라 불리는 학생들은 중학교 때보다 확 줄었으리라 기대했다.

하지만 입학한 지 얼마 지나지 않아 내 기대는 산산이 깨졌다. 반에는 여전히 거친 학생들이 꽤 있었다. 화장실에서는 담배 냄새가 났다. 툭하면 아이들끼리 주먹다짐을 벌였다. 수업 시간에는 반 이상의 학생이 엎드려 자거나 딴짓을 했다. 뚜렷한 목표 의식을 가진 친구들은 예상보다 훨씬 적었다.

나는 이과를 희망했기 때문에 문과 쪽인 외고를 가지 못한 것 자체를 후회하지는 않았다. 하지만 외고는 모범생들만 모여 있어 면학 분위기가 확실히 잡혀 있을 테니 그 점은 부러웠다.

그렇다고 마냥 속상해하고 있을 수는 없었다. 기왕 일반고에 왔으니 반에서 상위권이 아니라 전교에서 상위권에 들기로 목표를 세웠다.

○ 평생 잊지 못할 그 말이 가져온
두 번째 터닝 포인트

고등학교에 갓 입학한 나는 반 친구들로부터 오해를 받고 있었다. 그냥 '공부 잘하는 애'도 아니고 '공부 무지무지 잘하는 애'라는 오해였다. 차가운 표정과 마른 몸 때문에 아이들 눈에는 공부밖에 모르는 모범생처럼 비쳤던 모양이다. 그 바람에 "용섭이 중학교 때 공부 좀 했다더라" 하는 소문이 "중학교 때 전교권이었다더라. 완전 잘했다더라"로 커졌던 것 같다. 사실 내 입장에서는 은근히 기분 좋은 오해였다.

물론 내가 아무 생각 없이 그 오해를 즐기고 있었던 것은 아니다. 오해를 그저 오해가 아니라 현실로 만들겠다는 자신감도 있었다. 의지를 다진 나는 어느 때보다도 열심히 공부했다. 드디어 첫 번째 중간고사가 다가왔다. 1학기 목표를 전교권 진입과 전 과목 '수'로 잡은 내게는 무척 중요한 시험이었다.

그런데 중간고사 결과는 나를 충격으로 몰아넣었다. 수학 과목에서 만점자가 반마다 열 명이 넘었는데 나는 만점은커녕 등수도 전교 100등 밖이었다. 쉬운 암기 과목인 기술에서는 중학생 때도 거의 받아 본 적 없는 70점대 점수를 받았다. 최종 등수는 목표로 삼았던 전교권에서는 아예 멀찌감치 밀려나 있었다.

나는 성적표를 손에 쥔 채 망연자실하게 서 있었다. 성적표에 적힌 숫자들을 도저히 믿을 수가 없었다. 하지만 내가 믿건 말건 그 숫자들이 변할 리는 없었다.

그 순간, 한 친구가 지나가다가 내 성적표를 슬쩍 보더니 중얼거렸다.

"에이, 용섭이 생각보다 별거 아니네."

"……"

특별히 악의가 있는 말은 아니었겠지만, 어쨌든 진심은 진심이었을 것이다. 나는 친구에게 불같이 화를 냈다. 그 친구가 놀라서 얼른 자리를 피하지 않았다면 치고 박는 싸움으로 번질 뻔했다.

사실 그 화는 친구가 아니라 나 스스로를 향한 것이었다. 친구 말이 맞았다. 주변의 소문이나 기대에 비해 나는 별것 아니었다. 별것도 아니면서 이미 최상위권인 듯한 분위기를 풍기고 다녔던 것이다. 부끄러웠다.

정작 부모님은 첫 시험이니 못 볼 수도 있는 거라며 크게 나무라지 않으셨다. 하지만 나는 그날 이후 한동안 충격에서 헤어 나오지 못했다. 단순히 성적 때문이 아니었다. 나의 정체성이 한순간에 무너져 내렸기 때문이었다.

그때까지의 나를 돌아보았다. 예전의 나는 무엇 하나 잘하는 것이 없던 아이, 어른들에게 칭찬받지 못하던 아이, 친구들에게 무시받던 아이였다. 그랬던 내가 인정받을 수 있었던 것은 모두 공부 덕분이었다. 고등학생이 되어서도 여전히 나는 운동도 못하고 싸움도 못하고 겁도 많았다. 그러니 내가 주위로부터 인정받을 수 있는 방법은 오로지 공부뿐이었다.

이제 '공부 잘하는 아이'는 나의 정체성이었다. 또한 내게 자존감을 주는 유일한 원천이었다. 결코 놓치고 싶지 않았다. 상상만 해도 끔찍했다. 어린 시절 왕따에 가까웠던 그 시기로 되돌아가게 될 것만 같았다.

분노와 수치심. 그 감정은 내게 강렬한 공부 동기가 되었다. 이것이 내 인생의 두 번째 터닝 포인트가 되었다.

삶은 스스로의 용기에 비례하여
줄어들거나 넓어진다.

_아나이스 난 Anaïs Nin, 프랑스 소설가

03 양심이 내게 묻다.
"너 진짜 열심히 공부한 거 맞니?"

ㅇ 망친 시험을 복기하다

바둑에는 복기란 것이 있다. 바둑 대국이 끝난 뒤, 그 대국의 내용을 분석하기 위해 처음부터 끝까지 순서대로 다시 두어 보는 것을 말한다. 2016년 이세돌과 알파고 사이에서 벌어진 세기적인 대국 직후에도 역시나 복기가 이루어졌다. 물론 인공지능인 알파고는 빠지고 이세돌 혼자 하긴 했지만 말이다. 바둑 기사들이 복기를 하는 이유는 어떤 점을 잘했고 어떤 점을 잘못했는지 알아내서 다음번에 더 좋은 결과를 얻기 위해서다.

중간고사를 마친 내게도 복기가 필요했다. 잘 본 것도 아니고 망친 것이니 더욱 그랬다. 나는 중간고사를 준비했던 과정과 그 결과를 차근차근 분석하기 시작했다.

열심히 공부하지 않은 것은 아니었다. 이번 중간고사는 내가 태어나서 가장 열심히 준비한 시험이었다. 내가 무언가 중요한 점을 놓치고 있는 것이 분명했다.

기술 시험지를 펼쳐 보았다. 기술 시험을 치르다가 처음 보는 내용들이 문제로 나와서 당황했던 일이 떠올랐다. 문제에 있는 그림 중에 낯선 것도 있었고, 보기에 있는 몇몇 단어도 생소하게 느껴졌다. 그 순간에 나는 기술 시험이 말도 안 되게 어렵게 출제된 줄만 알았다. 나만 아니라 다른 아이들에게도 낯선 내용일 거라고 생각했던 것이다. 하지만 아니었다. 나를 제외한 상위권 아이들은 대부분 그 문제를 맞혔다.

내가 틀린 문제들이 대체 어디에서 출제되었는지 찾아보았다. 기술 교과서를 펼쳤다. 시험 범위에 해당하는 페이지들의 모든 내용을 한 글자도 빠짐없이 읽어 보았다. 그런데 시험을 보며 처음 본다고 생각했던 내용은 교과서 초반부에 나오는 짤막한 서론에 버젓이 쓰여 있었다. 또 낯설다고 생각했던 그림은 교과서 한구석에 작게 들어가 있는 게 아닌가.

따로 참고서나 문제집을 살펴볼 필요도 없었다. 내가 틀린 모든 문제는 이미 교과서 안에 고스란히 다 들어 있었다! 다른 과목들도 마찬가지였다.

교과서에 빤히 있는 내용을 왜 몰랐을까? 그건 시험공부를 할 때 이 정도는 시험에 나오지 않을 거라 생각하고 그냥 지나쳤기 때문이었다. 뒤통수를 세게 한 대 맞은 기분이었다.

○ 공부 양심을 찾다

중간고사 결과에 대한 복기가 내게 알려 준 사실은 단 하나였다. 내가 열심히 공부했다고 생각한 것은 나만의 착각이었다. 사실은 충분히 열심히 한 것이 아니었다. 너무나 허술하게도 구멍이 숭숭 뚫려 있었다.

그제야 내가 중간고사를 망친 것이 수긍이 갔다. 나는 교과서를 구석구석 꼼꼼히 보기는커녕 이 정도는 시험에 나올 리가 없다며 여유를 부렸다. 공부 효율을 높인답시고 중요한 내용, 중요하지 않은 내용을 멋대로 판단하며 요령을 피웠다. 그러고도 자신만만하게 최상위권 진입을 노렸다.

한마디로, 나는 양심이 없었다. 공부한 것 이상으로 성적이 나오기를 바라는 것. 공부가 의무인 학생으로서 이것보다 양심 없는 것이 또 있을까. 이 사실을 깨달은 나는 더 이상 억울해하지도, 의

아해하지도 않았다. 마땅히 받아야 할 성적을 받은 셈이었다.

그날 이후 나는 양심에 부끄럽지 않게 공부하겠다고 단단히 결심했다. 어느새 기말고사 기간이 다가오고 있었고 나는 다시 시험 준비에 돌입했다.

교과서를 읽기 시작하긴 했는데, 한 단어도 빼놓지 않고 샅샅이 읽으려니 처음에는 진도가 잘 나가지 않았다. 자꾸 집중력이 흐려지며 딴생각이 들었다. 그래서 샤프를 동원했다. 샤프로 교과서의 모든 부분을 한 줄 한 줄 밑줄 그으면서 읽었다. 그렇게 몇 번 반복하고 나니 더 이상 샤프로 밑줄을 그어도 티가 나지 않았다. 이번에는 볼펜을 동원했다. 샤프로 그었던 줄 위에 볼펜으로 새로 줄을 그으며 또 읽었다. 나중에는 밑줄로 교과서가 시커멓게 될 지경이었다. 교과서를 읽으면 읽을수록 교과서에는 버릴 문장이 하나도 없다는 점을 실감할 수 있었다.

이제는 양심을 걸고 자신 있게 말할 수 있었다. 나는 온 힘을 다해 열심히 공부했다고.

벼르고 별렀던 기말고사가 모두 끝났다. 가채점을 해 보니 전 과목 평균 점수가 90점 후반대였다. 지난번과 비교해 확 뛰어오른 점수였다. 기술 과목은 100점이었다. 이 정도면 전교 10등 안에 들 수도 있지 않을까 속으로 기대가 되었다.

내가 다녔던 학교의 성적표에는 과목별 점수만 나올 뿐 전체 석차는 나오지 않았다. 전체 석차를 확인하려면 담임 선생님께 여쭈어 봐야 했다. 그런데 내가 미처 여쭤 보기도 전에 담임 선생님이 먼저 나를 복도로 불러내셨다.

"용섭아, 네가 이번에 전교 1등 했더라. 축하한다."

그냥 최상위권이 아니라 전교 1등이라니! 그때까지만 해도 나는 전교 1등이란 학교 어딘가에 존재하고 있는 특별히 공부 잘하는 아이나 할 수 있는 것인 줄 알았다. 그런 내가 전교 1등을 한 것이다.

나는 그때 크게 한 번 깨달았다. 양심을 걸고 공부하면, 양심에 부끄럽지 않게 공부하면 공부는 반드시 양심에 응답해 준다는 사실을 말이다.

04 수석 합격이라고요?

어떤 사람으로 태어나는가가 아니라,
어떤 사람이 되고자 하는가가 관건이다.

_조앤 K. 롤링 Joan K. Rowling, 영국 작가

○ 명실상부 전교 1등

고등학교 1학년 1학기 기말고사에서 난생처음 전교 1등이 된
후, 정말 놀랍게도 2학년 2학기까지 죽 기말고사에서 전교 1등을
차지했다. 중간고사에서는 전교 1등은 못 하고 전교 5등 이내에만
들었다. 기말고사보다 중간고사에서 예체능 실기 시험의 비중이
높았기 때문이다. 미술, 음악, 체육, 어느 하나 잘하는 것이 없었던
터라 실기 시험을 못 봐서 등수가 낮았다. 하지만 필기시험은 늘
자신 있었다. 공통사회나 국어에서는 동점자 없는 학기 1등을 차
지한 적도 있었다.

수능 시험 준비는 2학년 2학기 말부터 본격적으로 시작했다. 1년 위 선배들이 수능을 막 치르고 나자 이제 내 차례구나 하는 마음에 긴장감이 감돌았다. 다른 고2 학생들처럼 나도 선배들이 치른 수능 문제를 시간에 맞추어 풀어 보았다. 결과는 400점 만점에 350점도 채 넘지 못했다. 특히 국어 영역(당시에는 언어 영역) 점수가 많이 낮았다. 주위를 둘러보니 지금 당장 서울대 법학과에도 합격할 수 있는 점수가 나온 아이도 있었다. 당혹스러웠지만 그래도 한편으로는 다행이었다. 내가 치를 수능 시험 날까지는 아직 1년이 남아 있었으니 말이다.

고등학교 첫 중간고사 때 이후로 가장 큰 위기의식이 느껴졌다. 나는 3학년이 되면서 내 생활을 100퍼센트 수험생 모드로 바꾸었다. 그 좋아하던 게임도 끊었다. 마치 공부 기계가 된 것 같았다. 이 정도는 되어야 고3 수험생의 양심에 부끄럽지 않게 공부했다고 말할 수 있을 정도로 1년을 보냈다.

수능에서 국어 영역을 제외한 다른 부분은 내신 공부와 수능 공부가 거의 비슷했다. 그래서 내신 시험을 보면서 시험 범위 내용을 완벽하게 익힐 때마다 모의고사 점수도 안정적으로 올라갔다. 하지만 국어 영역은 조금 달랐다. 내신에서 국어 과목은 암기 과목에 가까웠는데 수능에서 국어 영역은 일종의 논리 과목처럼 느껴졌다. 그 방식에 익숙해지기 위해 열심히 공부하다 보니 고3 동안 국어 공부의 비중이 가장 높았다.

여름 방학에는 교과서와 인터넷 강의로 사회 영역을 총정리하는 시간을 가졌다. 방대한 양이긴 했지만 내신 시험을 준비하기 위해 교과서를 몇 번씩 반복해 읽으면서 공부했던 내용이라 큰 어려움은 없었다. 차근차근 쌓아 올린 공부 내공의 힘을 실감할 수 있었다.

여름 방학이 끝나고 나서 10월쯤에 치른 모의고사에서는 드디어 처음으로 국어 영역에서 120점 만점을 받았다. 얼마나 간절히 원하던 점수였던가. 다른 과목도 모두 만점을 받아서 전체 점수가 400점 만점이었다. 담임 선생님, 반 친구들도 놀라워했다. 인근의 다른 학교들에까지 소문이 쫙 퍼졌다.

어깨가 으쓱했지만 들뜬 마음은 금방 가라앉았다. 모의고사는 모의고사일 뿐이었다. 어차피 당시 내가 목표로 했던 경희대 한의예과에 안정적으로 합격하려면 만점에 가까운 점수는 기본이었다. 모의고사에서 만점 정도는 한 번쯤 받아 본 학생들이 전국에 수두룩하게 있을 것이 분명했다.

내신 시험도 더욱 신경 썼다. 고등학교 3학년 때는 기말고사뿐 아니라 중간고사에서도 모두 전교 1등을 기록했다. 명실상부한 전교 1등이었다. 그렇다고 내가 예체능 실기 시험을 갑자기 잘 보게 된 것은 아니다. 즉, 필기 시험은 거의 모두 만점을 기록한 것이다.

마침내 11월 수능 시험 날이 되었다. 시험장에 들어가 앉으니 잠시 가슴이 요동치는 듯했지만 금세 진정이 되었다. 그동안 양심을 걸고 단 한 점의 후회가 남지 않을 만큼 치열하게 공부했으니 그저 평소 실력을 발휘하면 된다고 마음을 다잡았다.

수능 중에서도 첫 시험이었던 국어 영역이 기억에 남는다. 내가 본 수능 시험은 유독 국어 영역이 어려운 편이었다. 문제를 겨우 다 풀었는데 다시 한 번 검토할 시간이 거의 남아 있지 않을 정도였다. 그래도 당황하지는 않았다. 10월 모의고사에서 국어 영역 만점을 받아 본 덕분에 꽤 자신감이 붙었기 때문이다.

수능 점수 발표 날, 내가 받은 수능 총점은 389점이었다. 모든 영역이 1등급었다. 모의고사 때보다는 떨어진 점수였지만, 특목고를 제외한 인근 고등학교에서 나보다 점수가 더 높은 학생은 없었다. 언어 영역 때문인지 그해에는 수능 만점자가 단 한 명도 나오지 않았다.

부모님도 무척 기뻐하셨다. 나도 기뻤다. 수능을 잘 봤다는 것보다도, 이제 대학 입시의 끝이 점점 가까워지고 있다는 사실이 더 기뻤다.

○ 50만 원어치 등록금 고지서가
   날아온 까닭

그때까지만 해도 한의예과를 목표로 하고 있던 나는 경희대 한의예과와 서울대 의예과에 입시 원서를 제출했다. 처음에는 둘 중 하나는 안전하게 하향 지원을 하는 게 좋겠다고 생각했다. 그러자면 내가 사는 서울에 있는 한의예과는 경희대가 유일하니, 서울대 말고 다른 대학교의 의예과를 지원한다든가 서울대에서 의예과 말고 다른 과를 지원해야 했다. 그런데 담임 선생님께서 서울대 의예과를 강력하게 권하셨다. 서울대 의예과를 지원하지 않기에는 내 점수가 너무 아깝다고 하셨다.

마음속으로 갈팡질팡하면서 이번에는 다니던 학원에서 상담을 받았다. 학원 선생님은 흔쾌히 "위험할 것도 없어. 둘 다 써. 이대로 해도 돼"라고 말씀하셨다.

사실 나는 의대에 떨어지는 것보다 재수를 하게 되는 것이 더 무서웠다. 그래도 선생님들이 그렇게 말씀하시니 믿기로 했다.

마지막 기말고사가 끝나고 본격적으로 정시 준비에 들어갔다. 서울대 의예과는 구술 시험을 준비해야 했고 경희대 한의예과는 논술 시험을 준비해야 했다. 구술 시험 과목으로 선택한 수학과 물리는 어차피 내신과 수능 공부의 연장이었기 때문에 부담이 크지 않았다. 난관은 논술 시험이었다.

중학생 시절 나는 인터넷에 판타지 소설을 연재했던 경험이 있다. 그때의 습관이 남아 있는 것인지 내가 쓰는 논술은 문장이 간결하지 않고 논리 전개도 어색했다. 그래서 다양한 주제에 대해 논술을 쓰고 첨삭을 받기를 반복했다. 그러다 보니 남들보다 잘 쓰지는 못해도 얼추 남들과 비슷한 수준에는 도달할 수 있었다.

운 좋게도 그해 경희대 한의예과 논술 시험 주제는 내가 연습 과정에서 이미 한 번 다뤄 본 주제와 비슷했다. 덕분에 비교적 수월하게 답안지를 채울 수 있었다. 논술 시험장을 나오며 나는 합격을 확신했다.

정말로 며칠 뒤 합격 문자가 왔다. 내가 서울대 의예과 구술 시험을 준비하고 있을 때였다. 너무 기뻐서 이대로 그냥 놀아 버리고 싶었지만, 마음을 다잡았다. 이왕 서울대 의예과에 지원한 이상 결코 소홀히 넘길 수는 없었다. 그것은 내 양심에도 부끄러운 일이었다. 나 자신이 서울대 의예과에도 합격할 수준이 되는지 확인해 보고 싶기도 했다.

서울대 구술 시험 대기 장소에 도착해 보니 이미 많은 학생이 와 있었다. 모두 서류 전형을 통과한 학생들이었다. 공부라면 나름 한가락 한다는 학생들이 모여 있다고 생각하니 기분이 묘했다. 아직 합격한 것도 아니건만, 그래도 '열심히 하다 보니 여기까지 왔구나' 하는 생각이 들었다.

당시 구술 시험 경쟁률은 2 대 1 정도였다. 이 학생들 중 절반은 불합격하는 상황이었다. 이미 경희대 한의예과에 합격한 상태인데도 손이 떨릴 정도로 긴장되었다.

수학에서는 공간도형에 관한 문제가 나왔고, 물리에서는 전자기장에 관한 문제가 나왔다. 두 문제 다 풀기는 잘 풀었다. 그런데 수학 문제를 푼 다음에는 교수님께서 답만 확인하시고 "잘했어. 나가 봐" 하고만 말씀하셨는데, 물리 문제를 다 푼 다음에는 교수님께서 "시간이 남네……" 하고 중얼거리시더니 갑자기 질문하셨다.

"학생은 왜 의대에 지원한 건가?"

돌발 질문이었지만 당황하지 않았다. 혹시나 이런 질문이 나올까 해서 미리 연습해 두었기 때문이다.

"의학은 모든 과학적 지식을 응용해 사람을 치료하는 학문입니다. 의학도가 되면 우리 몸에 대해서 알 수 있고, 아픈 사람을 치료할 수 있으며, 인류에 기여할 수도 있다고 생각해 매력을 느꼈습니다."

그러고서 밖으로 걸어 나오는데 느낌이 좋았다. 서울대 의예과에도 합격할 것 같은 기대가 차올랐다.

아니나 다를까, 얼마 뒤 서울대에서도 합격 문자가 왔다. 서울대 의예과와 경희대 한의예과 동시 합격이라니! 나는 고민 끝에 서울대 의예과를 선택했다.

얼마 뒤 등록금 고지서가 집에 도착했다. 그런데 등록금이 50만 원도 채 되지 않았다. 내역을 보니 180만 원 상당의 기성회비 장학금을 받았다고 되어 있었다. 담임 선생님께 이 사실을 말씀드리니 혹시 차석 합격이 아닐까 추측하셨다. 수석 합격이면 전액 장학금이 나올 것 같은데 아니었으니 그렇게 생각하신 것이다. 담임 선생님께서는 직접 서울대에 연락해 확인해 보셨다. 그러더니 깜짝 놀라 말씀하셨다.

"용섭아, 서울대에는 전액 장학금이 없대. 과에서 1등만 기성회비 장학금을 받는다더라. 그러니까…… 너 서울대 의예과 수석인 거야!"

구술 시험 날, 서울대 의예과에도 합격하지 않을까 혼자 기대하긴 했지만 그렇다고 수석 합격까지 하리라고는 전혀 예상 못 하고 있었다. 그 사실을 안 순간, 지난 시간이 주마등처럼 머릿속을

스쳐 갔다.

아무것도 잘하지 못했던 어린 시절, 방과 후 어머니 교실에서 수학 선생님께 칭찬을 받았던 순간, 고등학교 첫 중간고사 성적표를 받았던 날, 그리고 그저 공부로만 채워져 있던 지난 1년……. 그 모든 시간들이 쌓여 서울대 의예과 수석 합격을 이루어 냈다고 생각하니 가슴이 벅차올랐다.

사실 이 글을 쓰는 지금도 조금 궁금하긴 하다. 어떻게 해서 내가 수석이 되었을까. 구체적인 입학 점수는 공개되지 않으니 알 도리가 없다. 나는 의예과 동기들 중에서 수능 점수가 가장 높은 것도 아니었고, 나 외에도 구술 시험에서 두 문제를 다 맞힌 학생은 많았을 테니, 아마도 내신 성적 덕분이 아닐까 추측할 뿐이다.

다만 이것 하나는 자신할 수 있다. 그 시절의 나는 정말 독하게 나의 모든 양심을 걸고, 나의 전부를 쏟아 공부했다는 점이다.

너의 양심은 뭐라고 말하느냐?
너는 반드시 너 자신이 되어야 한다.

_니체 F. W. Nietzsche, 독일의 시인이자 철학자

공부의 쓸모

2부

고교 평균 전교 1등의
7가지 비결

05 머리가 좋은가 나쁜가는 그만 따져라

행동이 비열하고 하찮다면
그 정신이 자랑스럽고 의로울 수 없습니다.
사람의 행동이야말로 그의 정신이기 때문입니다.

_데모스테네스 Demosthenes, 그리스의 웅변가이자 정치가

○ 공부머리? 과연······

"우리의 에이스."

"네가 부럽다."

"너의 실력은 범접할 수 없다."

고등학교 3학년 때 친구들과 롤링페이퍼를 쓴 적이 있었는데, 내 롤링페이퍼에는 이렇게 적혀 있었다. 친구들이 나를 어떤 시선으로 보고 있는지 잘 알 수 있었다. 솔직히 뿌듯하기도 했지만 민망한 마음이 더 컸다. 나는 나 자신이 그저 평범한 아이라는 사실

을 너무도 잘 알고 있었기 때문이다.

그런데 서울대 의대에, 그것도 수석으로 합격하고 나니까 이런 시선은 더욱 강해졌다. 지금까지 나는 이런 말을 참 많이도 들었다.

"머리가 엄청 뛰어나구나."
"공부머리를 타고나서 좋겠다."

그럴 때마다 나는 손사래를 친다. 절대 그렇지 않다고, 내 두뇌는 지극히 평범한 수준이라고 강조한다. 그러면 상대방은 내가 괜히 겸손을 떠는 거라고 오해한다. 그들의 생각도 이해는 되지만 나로서는 답답한 노릇이다.

서울대 의대에 입학해서 주위를 둘러보니, 인문계 고등학교 전교 1등 출신은 명함도 못 내밀 정도였다. 널린 게 1등이고 수석이었다. 하지만 그토록 대단한 동기들 중에서 "와, 정말 머리 좋다!" 하고 감탄사가 나오는 사람은 손에 꼽을 정도뿐이었다. 다들 하나같이 의학 용어들이 외워지지 않아 애를 먹고 교수님의 설명이 이해되지 않아 괴로워했다. 수석으로 입학했다지만 나도 그중 하나에 불과했다.

'머리가 좋아야 공부를 잘한다.' 대다수 사람들이 가진 생각이다. 심지어 공부머리는 타고나는 것이기 때문에 어떤 아이가 공부를 잘할지는 처음부터 정해져 있다는 주장도 많다.

물론 유달리 뛰어난 머리, 높은 지능을 가지고 태어나는 사람들이 있긴 있다. 한마디로 천재들이다.

1997년 '페르마의 마지막 정리'를 증명해 내는 데 성공한 영국의 수학자 앤드루 와일스는 분명 그런 사람일 것이다. 350여 년 동안 당대의 내로라하는 수학자들이 실패만 거듭한 그 일을 해냈으니까. 러시아의 수학자 그리고리 페렐만은 또 어떤가. 그는 14세 때 수학올림피아드에서 만점으로 금메달을 받더니 36세 때는 100년 가까이 누구도 증명하지 못한 '푸앵카레 추측'을 증명해 냈다.

천재 하면 예술 분야를 빼놓을 수 없다. 음악의 신동이라 불리는 모차르트는 복잡한 곡이라도 한 번 듣기만 하면 악보에 정확하게 옮겨 적을 수 있고 30분 안에 완벽하게 연주해 낼 수 있었다고 한다. 오늘날 전문가들이 추정하는 모차르트의 아이큐는 150에서 230까지 다양하지만, 분명 보통 사람들의 평균 아이큐인 100보다 훨씬 높은 것만은 분명하다.

멀리 갈 것도 없다. 비범한 두뇌를 타고난 어린아이들을 취재한 TV 방송만 봐도 확인할 수 있다. 보다 보면 정말 신기하고 대단하게 느껴진다.

그런데 여러분이 지금 공부를 하며 가지는 목표가 그 누구도 풀지 못한 인류 역사상의 난제를 푸는 것인가? 기존의 학설을 뒤엎을 새로운 과학적 사실을 발견하는 것인가? 세계가 주목할 위대한 예술 작품을 창작하는 것인가? 그런 원대한 목표를 향해 공부하는 분도 있겠지만, 내가 장담하는데 여러분 중 대다수는 당장 눈앞의 시험을 잘 보는 것, 나아가 여러분이 원하는 대학에 합격하는 것이 목표일 것이다.

난도가 높은 일과 경쟁률이 높은 일은 언뜻 비슷해 보이지만 사실 꽤 다르다. 역사에 남을 두드러진 업적을 이루는 것은 난도가 높은 일이다. 하지만 대학 입시는 경쟁률이 높은 일이다. 시험범위는 고등학교 과정이 전부이기 때문이다. 난도가 높은 일을 이루기 위해서는 타고난 머리와 재능이 있어야 하지만, 경쟁률이 높은 일을 이루기 위해서는 그런 것이 꼭 필요하지 않다.

○ 넘사벽은 없다

자신보다 공부를 잘하는 친구를 볼 때 여러분의 반응은 둘로 나뉜다. 한 가지 반응은, 저 친구는 나와 다른 차원의 존재다, 나는 아무리 해도 따라잡을 수 없다 하고 생각하는 것이다. 천재, 독종, 공신, 공부벌레, 공부가 취미인 애 등등의 별명을 붙이기도 한다.

다시 말해, '넘사벽'이라고 여기는 것이다. '넘을 수 없는 4차원의 벽'이니 자신은 절대로 저렇게 될 수 없다고 선을 긋는다.

또 다른 반응은, 나도 저 친구처럼 되고 싶다, 나라고 못 할 이유가 없다 하고 생각하는 것이다. 친구를 롤모델 삼아 자신도 그렇게 되기 위해 노력하려는 의지가 엿보이는 생각이다.

이 두 가지 중 여러분의 반응은 어느 쪽에 해당하는가?

사람은 이미 승부가 정해져 있다고 판단되는 시합에서는 의욕을 완전히 상실하기 마련이다. 자신은 평범하기 때문에 공부 잘하는 학생이 될 수 없다고 생각해 버리면 그것은 그냥 공부를 포기하는 것이다. 지난번 시험에서 1등을 한 학생이 이번 시험에서도 1등을 하는 것이 당연하다고 생각해 버리면 정말로 그렇게 된다. 시험을 치르기도 전에 생각에서 이미 성적이 갈리는 셈이다.

반대로, 아인슈타인 같은 천재는 아주 극소수에 불과하다는 사실을 아는 학생은 친구가 공부를 잘한다고 해서 결코 넘사벽이라 보지 않는다. 대신 자신의 공부법을 돌아본다든지 친구의 공부법을 따라 해 본다든지 주위에 조언을 구한다든지 하며 스스로를 바꾸려고 한다. 그러다 보면 정말로 결과가 달라진다.

그때 내가 받은 롤링페이퍼에는 이런 말도 적혀 있었다.

"나도 너를 본받아서 공부해야겠다."

이 말을 적은 친구가 누구인지는 알지 못한다. 하지만 나는 확신한다. 그 친구는 분명 처음보다 훌쩍 오른 성적으로 졸업했을 것이다.

지금 자신의 머리가 좋은가 나쁜가 따지고 있다면 당장 멈추기를 바란다. 그것은 공부를 회피하기 위해 변명거리를 찾는 것뿐이다. 지금 누군가를 에이스니 천재니 하고 부르고 있다면 역시 당장 멈추기를 바란다. 그것은 자신을 들러리니 둔재니 하고 부르는 것이나 매한가지다. 지금 이 상태로 머물러 있으려는 사람에게 특별한 날은 결코 오지 않는다.

06 지름길은 없다, 공부의 절대량을 채워라

○ 하루 만에 과외에서 잘린 이유

예과생 시절, 예비 고등학생에게 수학 과외를 하게 되었다. 과외 첫날 오리엔테이션 삼아 고등학교 3년을 보내는 방법에 대해 설명해 주었다. 주로 나 자신이 3년 동안 어떤 식으로 공부했는지에 대한 이야기였다.

바로 그날 저녁, 학생의 어머니에게서 전화가 왔다. 내가 공부를 너무 많이 시킬까 봐 학생이 겁을 먹었다는 것이다. 그렇게 나는 하루 만에 과외에서 잘렸다.

내가 서울대 의대에 수석 합격할 수 있었던 비결은 무엇일까?

거듭 강조하는데, 나는 탁월한 머리를 타고나지는 않았다. 그렇다고 무슨 대단한 사교육을 받은 것도 아니다. 과외를 받아 본 적은 한 번도 없고, 입시학원을 다니긴 했지만 그 지역에서 좀 이름 있는 정도의 학원이었다. 심지어 지금 그 학원은 없어졌다고 한다. 야간자율학습도 하고 학습지를 하나 구독하기도 했지만 그 정도야 전국의 수많은 고등학생이 동시에 하던 것이었다. 고등학교 1학년 때 MC스퀘어를 사용해 보았지만 효과가 없어서 한 달 만에 그만두었다.

하지만 공부량에 있어서만큼은 분명 남달랐다. 내가 자신 있게 말할 수 있는 것은, 내 주변에서 나보다 공부를 많이 한 학생은 거의 없을 거라는 점이다. 나와 같은 정도로 많이 공부했다고 인정할 만한 학생을 본 적은 있다. 어떤 과목에 대해 나보다 더 많이 공부했다고 인정할 만한 학생을 본 적도 있다. 하지만 수험생 시절, 모든 과목을 합쳐 나보다 더 많이 공부했다고 인정할 만한 학생은 본 적이 없었다. 나는 단연코 가장 많이 공부한 학생이었다고 감히 말할 수 있었다.

그러니 나를 하루 만에 자른 그 예비 고등학생은 내 비결을 단박에 알아본 셈이다. 본인이 그 비결을 실천할 생각을 하지 않았다는 점이 안타까울 뿐이다.

공부량이 많으려면 어떻게 해야 할까. 답은 뻔하다. 공부 시간이 길면 된다. 공부 시간과 공부량은 비례한다고 표현할 수도 있겠다. 그런데 이는 반은 맞고 반은 틀리다. 처음에는 공부 시간에 비례해서 증가하던 공부량은 어느 순간 폭발적으로 증가하게 된다. 그냥 비례하는 것이 아니라 기하급수적으로 비례하는 것이다. 그래프로 표현하자면 이렇다.

처음 공부를 시작할 때는 수험서를 한 권 끝내는 데에도 시간이 오래 걸린다. 그런데 공부를 계속하다 보면 어느 순간부터 수험서를 푸는 속도가 빨라지는 것이 느껴진다. 몇 달에 걸쳐서 풀었던 수험서를 이제는 일주일도 안 걸려서 풀게 된다. 그래서 일주일에 문제집을 한 권 푸는 학생과 두 권 푸는 학생의 차이는 시간이 지날수록 더욱 벌어진다.

고등학교 3학년 10월의 개천절, 그날 우리 학교는 아침부터 저녁까지 자율학습이 있었다. 나는 등굣길에 공통과학 문제집을 한 권 사서 자율학습을 마칠 때까지 다 풀어 버렸다. 개념 정리도 하고, 채점도 하고, 틀린 문제들과 헷갈린 문제들의 풀이까지 다 확

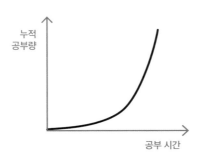

인하고도 하루가 채 안 걸린 셈이다. 그동안 이미 많이 공부한 내용이라 페이지가 획획 넘어갔고 틀리거나 헷갈린 문제가 적은 덕분이었다.

내가 처음부터 이 속도로 공부할 수 있었을까? 물론 아니다. 나도 3학년 2학기가 되어서야 가능했다. 공부량이 기하급수적으로 느는 단계에 이르기 위해서는 오랫동안 꾸준히 공부하는 기간이 선행되어야 한다.

고등학교 2학년이 끝날 무렵, 나는 다 읽고 푼 수험서를 방바닥 한구석에 놓았다. 그날 이후로 수험서를 한 권 한 권 끝낼 때마다 그 위에 차곡차곡 쌓아 올렸다. 내 목표는 이렇게 쌓아 올린 수험서들의 높이가 대학에 합격하기 전까지 내 키만큼 되어 '수험서의 바벨탑'을 이루는 것이었다. 고등학교 3학년 개천절에 다 푼 공통과학 문제집도 당연히 그 위에 놓았다.

마침내 서울대 의예과에 합격했을 때, 약 1년 동안 쌓인 수험서들의 높이는 아쉽게도 내 어깨 정도였다. 하지만 학원에서 받은 프린트물까지 합하면 내 키만큼 되었으니, 이 정도면 목표를 달성한 것이라 생각했다.

누차 강조하지만, 처음부터 공부량이 기하급수적으로 늘 수는 없다. 반드시 먼저 어느 정도 이상 공부를 해야 한다. 나는 이것을 '공부의 절대량을 채워야 한다'라고 표현한다.

◯ 공부하는 사람이 갖추어야 할 양심

몇 년 전, 나는 예전보다 살이 좀 붙은 나 자신을 발견했다. 불규칙한 생활 탓이었다. 나는 난생처음으로 다이어트를 시작했다. 하지만 살은 좀처럼 빠질 줄을 몰랐다. 그러다 『불량헬스』라는 책을 읽게 되었다. 이런 구절이 눈에 띄었다.

다이어트를 시작하기 전에 꼭 필요하지만 가장 많이 놓치는 포인트는 다름 아니라 당신의 '양심' 되시겠다.

(……)

사람들은 빨리빨리 살 뺄 생각만 하지 자기 몸에 다이어트가 필요한 지경이 되기까지 얼마나 시간이 걸렸는지에는 관심이 없다. 적어도 지금 다이어트가 필요하다고 느낄 정도로 몸이 망가지는 데 걸린 시간만큼, 체중을 줄이는 데도 시간을 투자할 양심은 있어야 하지 않을까?

이 구절을 읽고 부끄러워졌다. 나는 의사로서 다이어트에 성공하는 방법을 이미 잘 알고 있었다. 식습관 개선과 규칙적인 운동이 유일한 방법이다. 그런데도 나는 쉽게 살을 뺄 방법을 찾아 다이어트를 흉내만 내고 있었던 것이다.

공부도 이와 비슷하다. 사람들은 항상 지름길을 찾는다. 많은 학생들이 짧은 시간만 공부하고도 큰 효과를 내는 획기적인 방법이 있을 것이라 기대한다. 하지만 공부 시간이 적은 상태에서 성적을 올리는 방법은 두 가지뿐이다. 하나는 뛰어난 공부머리를 타고나는 것이다. 앞에서 이미 말했듯이, 아주아주 예외적인 경우다. 다른 하나는 시험 문제를 미리 알아내는 방법이다. 그런데 시험지를 빼돌리는 것은 당연히 불법이다. 유일한 방법은 족집게 강의인데, 운이 좋으면 다행이지만 그렇지 않으면 참혹한 결과를 맞이할 수 있다.

고등학교 3학년 2학기에 공부를 시작한 학생이 중학교 3학년 1학기 때 공부를 시작한 학생보다 더 좋은 성적을 받는 일은 어지간해서는 일어나지 않는다. 남들보다 적게 공부했으니까 말이다. 그런데도 좋은 성적을 얻으려고 한다면 비현실적인 꿈을 꾸고 있는 셈이다. 어찌 보면 비양심적이라고까지 말할 수 있다.

공부를 늦게 시작한 학생은 그냥 포기하라고 말하는 것이 아니다. 공부를 늦게 시작했다고 판단된다면, 하루 중 더 많은 시간을 들여 더 집중해서 공부하라는 말이다.

나는 무조건 일찍 입시 준비를 시작하는 편이 좋다고 말하는 것도 아니다. 사람은 기계가 아니기에, 지나친 선행학습으로 너무 일찍부터 공부에만 파묻혀 사는 것은 오히려 역효과를 불러일으킬 수도 있을 것이다. 하지만 고등학교 3년 동안은, 최소한 고등학교 3학년 1년 동안만이라도 최대한의 시간을 공부에 쏟아야 한다. 훗날 돌이켜 보았을 때 '다시 하라 해도 그 이상 공부할 수는 없다' 라고 생각될 만큼 말이다.

세상 어디에도 조금만 노력하고 좋은 결과가 나오는 방법은 존재하지 않는다. 어떤 시험을 준비하든 많이 공부하는 것은 필수이자 기본 전제다. 공부의 절대량을 채우려는 생각 없이 효율이나 요령만 따지면 반드시 실패한다. 공부의 절대량을 따라잡겠다고 단단히 결심한 다음에야 구체적 공부법에 대해 고민해야 한다. 그러니 가능한 한 적게 공부하고 싶다는 그 마음부터 바로 머릿속에서 지우길 바란다.

부모로부터 물려받은 유전자, 지금까지 만난 학교 선생님들, 현재의 교육제도, 까다로운 시험 문제 등등을 탓하기 전에 가슴에 손을 얹고 자신이 정말로 최선을 다해 공부했는지 먼저 생각해 보자. 원인을 외부의 탓으로 돌리면 마음이야 편하겠지만 당신의 인생에는 하나도 도움이 안 된다. 성적이 오를 리도 만무하다.

공부의 절대량을 채우는 것, 그것이 바로 공부하는 사람이 갖추어야 할 양심이다. 공부를 잘하고 싶은가. 공부 양심을 가진 사람이 되자.

배우는 사람은
자포자기하지 않는다.

_서울대 김영민 교수

07 혼자 하는 공부만이
진짜 공부다

:
:

> 먼저 습관을 만들어라,
> 그러면 습관이 사람을 만든다.
>
> _브라이언 트레이시 Brian Tracy, 컨설턴트

○ 자습 시간만 공부 시간으로 계산하라

또 다른 과외 경험 이야기다. 예과생 시절 중학생을 과외하게
된 적이 있었다. 고등학교 입학이 코앞인 학생도 아니고 1년이 넘
게 남은 학생이었다. 과학고를 준비하는 것도 아니고 성적은 중위
권 정도였다. 그런데도 내게 고등학교 수학을 가르쳐 달라고 하길
래 적잖이 놀랐다. 더욱 놀라운 것은 그 학생의 책상에 붙어 있는
일주일 시간표였다. 학원과 과외로 일주일이 꽉꽉 차 있었다. 내가
낸 숙제를 할 시간도 없어 보였다.

그 학생은 과외 시간에도 적극적이지 않았고 심지어 졸 때도

많았다. 어쩌다 PC방에서 친구들과 했던 게임을 말할 때는 눈빛이 빛났지만 그게 전부였다. 지난 수업에서 배운 내용을 제대로 기억하지 못했고, 숙제를 제대로 해 온 적은 단 한 번도 없었다. 과외비가 한 달에 40만 원이었는데, 돈 받는 입장에서 생각해도 이건 완전히 돈을 버리는 일이나 다름없었다.

많은 학부모나 학생이 수업받는 것을 곧 공부하는 것으로 여긴다. 그래서 하루 중 학교에 있는 시간을 제외하면 대부분의 시간을 학원에서 보내거나 인강을 듣는다. 공부를 많이 했는데도 성적이 지지부진하다고 하소연하는 학생들을 보면 십중팔구 이런 경우다. 흔히들 저지르는 실수다.

공부를 많이 한다는 것은 혼자 스스로 공부하는 시간, 즉 자습 시간을 많이 갖는다는 의미다. 남이 설명하는 것을 듣기만 하는 것은 공부가 아니다. 제아무리 스타 강사가 하는 설명이라도 예외가 아니다. 스케줄에 자습 시간이 거의 없는 상태에서 학원과 인강만 채워 넣는다면 그저 돈 낭비, 시간 낭비, 정신 에너지 낭비일 뿐이다.

특히 수업만 잔뜩 듣고 공부를 많이 했다고 안심하는 경우가 가장 위험하다. '나는 공부해 봤자 안 돼' 하고 착각해서 자포자기하게 되기 십상이기 때문이다. 그럴 바에는 차라리 놀거나 자는 편이 낫다. 그러면 적어도 '공부 안 했으니 시험을 못 본 게 당연하다'라고 자각하기라도 할 테니까 말이다.

　실제로 여러분 주위의 최상위권 친구들에게 하루 스케줄을 물어 보라. 하교해서 잠자기 직전까지 내내 학원 수업이나 인강으로만 채우는 경우는 별로 없다. 밤늦게까지 학원에 있는 경우라 해도 자습 때문이지 수업 때문은 아니다.

　나 역시 학원을 많이 다니지 않았다. 중학생 때는 동네 보습학원에서 영어와 수학만 배웠다. 고등학교 때는 3년 내내 종합학원 한 군데만 주로 다녔다. 그 학원은 강제로 자습하게 하는 것으로 유명한 학원이었고 나도 바로 그 점 때문에 그 학원을 꾸준히 다녔다. 학원 수업이 끝나고 나면 밤까지 학원에 남아 자습을 하곤 했다. 그 외에는 단기 단과 학원 두어 번, 인강 두 번을 들은 것이 전부였다. 자습 시간을 확보하는 것이 우선이었던 터라 학원이나 인강에 그 이상의 시간을 쏟을 수는 없었다.

　그에 비해 학교에서 고3을 대상으로 실시한 야간자율학습은 철저히 지켰다. 단 한 번도 빠지지 않았다. 어떻게 하면 땡땡이칠까 머리를 굴리는 친구들도 많았지만 나는 그 시간을 무척 소중히 여겼다. 야간자율학습은 곧 오로지 나 혼자서 공부에 전념할 수 있는 자습 시간이었기 때문이다.

○ 공부는 스타 강사가
   대신해 주지 않는다

  그렇다면 자습은 얼마나 해야 할까? 자습을 충분히 했다는 말의 기준은 무엇일까? 어떤 전문가들은 학교 수업을 한 시간 받으면 자습은 세 시간 해야 한다고 주장한다. 나는 조금 생각이 다르다. 똑같이 한 시간 수업을 받더라도 쉬운 내용이라면 30분 자습으로 충분할 것이고 어려운 내용이라면 세 시간 넘게 자습해야 할 수도 있을 것이다. 다만 지켜야 할 점은, 수업에서 배운 내용을 완전히 이해할 때까지 자습하고 또 자습해야 한다는 것이다.

  그렇다면 수업에서 배운 내용을 완전히 이해했다는 것의 기준은 또 무엇일까? 선생님의 설명을 들을 때는 내용이 전부 이해되는 것 같았는데 막상 문제를 풀려고 하니 막히는 경험을 해 보았을 것이다. 들어서 이해한다고 그 내용이 곧 자기 것이 되지는 않는다. 궁극적으로는 남을 가르칠 수 있고 이해시킬 수 있어야 비로소 내 것이 되었다고 할 수 있다. 그렇다고 수험생 신분에 누군가를 직접 가르치고 있을 시간도 마음의 여유도 부족한 만큼, 대신 수험서의 문제를 막힘 없이 풀 수 있을 정도는 되어야 한다. 막히는 문제가 있다면 그것은 곧 자습이 부족하다는 뜻이다.

  워낙 공부 습관이 배어 있지 않아서 자습을 어떻게 해야 하는

지조차 잘 모르는 학생도 있을 것이다. 나는 그런 학생들에게 차라리 자습에 초점을 맞춘 사교육 프로그램을 이용해 보라고 권하고 싶다. '자기 주도 학습'이라는 용어를 내걸고 학생들이 계획부터 실천까지 자습에 익숙해질 수 있도록 도와주는 학원이나 컨설팅 업체들이 있다. 스타 강사를 쫓아다니기보다는 이런 종류의 사교육을 받는 것이 훨씬 도움이 될 수 있다. 단, 자습을 미끼로 고액 강의를 결제하도록 유도하는 업체라면 피하는 것이 좋다. 목적은 어디까지나 자습이어야 한다.

주말은 자습하기에 최적의 시간이다. 내게도 그랬다. 학교에 오가지 않아도 되므로 한 장소에서 꾸준히 공부할 수 있다. 특히 평일에 학원을 다니는 고등학생이라면 일주일 자습 시간의 절반 이상이 주말에 집중되기 마련이다. 그러니 주말마저 학원 수업이나 인강을 듣는다거나 아예 놀아 버린다면 자습 시간은 그만큼 줄어들 수밖에 없다. 주말은 가급적 완전히 비워 두고 오로지 자습에만 집중하자.

나는 주말마다 비어 있는 학원 교실에 앉아서 부족한 과목을 공부하거나 문제집을 몰아서 풀었다. 학원 선생님이 나와 계시면 질문거리를 모아서 여쭈어 보기도 했다. 평일에 열심히 공부했으니 휴식이 필요하다는 이유로 주말을 적당히 보냈다면 나는 전혀 다른 미래를 맞이했을 것이다.

사실 자습을 하는 것은 수업을 듣는 것과는 비교할 수도 없을 정도로 괴로운 과정이다. 스타 강사의 수업은 재밌고 쉽고 진도도 쑥쑥 나가는 데 반해, 자습은 힘들고 어렵고 진도도 느리다. 자신이 내용을 제대로 이해하고 있지 못하다는 사실과 마주해야 하기 때문에 자괴감도 든다.

하지만 그렇기 때문에 자습이야말로 진짜 공부인 것이다. 공부는 결코 선생님이나 스타 강사가 대신 해 주지 않는다. 오직 자기 자신만이 할 수 있다. 학교 수업, 학원 수업, 인강의 역할은 어떤 내용을 자습해야 하는지 소개해 주는 것에 지나지 않는다. 시간표를 자습 없이 수업으로 채워 넣는다면 당장 마음은 편할지 몰라도 성적은 기대만큼 오르지 않을 것이다.

메가스터디 손주은 회장이 학생들에게 했다는 이 말을 기억하라. "전 과목을 수강하는 학생은 틀림없이 망할 것이다!"

08 공부의 목표는 항상 '만점'이어야 한다

○ 한 문제도 틀리지 않겠다는 각오

담당 교수님이나 전공에 따라 차이는 있겠지만, 대학교에서는 대체로 시험 범위가 넓고 두리뭉실하다. 시험을 보고 나서도 내가 몇 점인지 학점은 왜 이렇게 나온 건지 알기 어려운 경우가 많다. 고등학교 다닐 때까지 보는 수능 시험, 모의고사, 내신 시험이 대학교에서 치르는 시험과 다른 점은 시험 범위가 명확하고 정확한 채점이 가능하다는 것이다. 출제 범위는 어디까지나 교과서다. 특히 내신 시험은 몇 페이지부터 몇 페이지까지라고 정확하게 알려 준다. 과목 수가 많아도 각 과목별 시험 범위는 결코 많지 않다. 그래서 아무리 어려운 시험이라도 과목별 만점자는 거의 항상 나온다.

요즘 입시에서 학생부가 중요하다고 하지만 내신은 결코 무시할 수 없다. 심지어 알고 보면 내신의 비중이 더욱 커지고 있다고도 한다. 그렇다면 더더욱 목표는 '만점'이어야 한다. 일단 마음속으로 100점이 당연하다고 생각해야 하며 단 한 개라도 틀리면 돌이킬 수 없다고 생각해야 한다.

내가 다닌 고등학교에서는 90점은 넘기기 쉽지만 100점은 맞기 어렵도록 시험 문제가 출제되곤 했다. 예를 들어, 수학 시험에서 단순 계산 문제는 배점이 7점이나 되는데 가장 난도가 높은 까다로운 문제는 배점이 1점인 식이었다. 1학년 1학기 때 수학 시험에서 나는 실수로 단순 계산 문제 하나를 틀렸다가 과목 석차가 100등 밖으로 밀려났다. 그때 나는 만점을 받고 말겠다고, 만점이 아니면 망한 것이나 다름없다고 다짐했다.

그런가 하면 1학년 1학기 공통사회 석차는 896명 중 1등이었다. 내 점수는 만점으로 동점자도 없었다. 기말고사에 나온 서술형 문제 때문이었다. 교과서에 '첫째…… 둘째……' 식으로 나열된 특정 구절을 거의 그대로 적어야 하는 문제였다. 아마도 출제 담당 선생님이 그 부분을 아주 중요하게 여기셨던 모양이다. 그 문제를 보고 나는 속으로 쾌재를 불렀다. '피를 토하는 심정으로 암기한

보람이 있구나' 하는 마음에 무릎이라도 칠 정도였다. 만약 어떠한 경우에도 만점을 받고 말겠다는 목표 없이 공부했다면 다른 아이들처럼 선생님을 원망하는 데 그쳤을 것이다.

만점을 받기 위해서는 완벽하게 공부해야 한다. 해당 시험 범위의 내용을 그 시험 문제를 출제하는 선생님과 같은 수준으로 꿰뚫겠다는 각오로 공부해야 한다. '이런 건 시험에 안 나올 것 같아', '이런 것까지 외워야 하나?' 하고 생각하면 안 된다. '사소한 부분 같지만 이런 것도 시험에 나올지 몰라', '이것까지 암기했으니까 시험 문제로 나오면 좋겠다' 하고 생각해야 된다.

수능에서는 어떨까? 2015년도 수능 수학B는 난도가 낮아서 한 문제만 틀려도 2등급이 되었다. 그러니 막연히 1등급을 목표로 해서는 충분하지 않다. 역시나 목표는 만점이어야 한다. 실제 수능에서 만점을 받으려면 모의고사에서 미리 만점을 받을 수 있어야 한다. 그러니 고등학교 3학년 여름 방학 전에는 만점을 받겠다는 생각으로 임해야 한다.

나는 특히 국어 과목이 약했다. 모의고사에서 국어 영역 만점을 받아 보는 것이 소원이었다. 마침내 3학년 2학기 모의고사에서 처음으로 120점 만점을 받았다. 그런데 내가 치른 2003학년도 수능은 국어 영역이 유난히 어렵게 출제되었다. 내가 경험한 그 어떤 모의고사보다도 어려웠다. 결국 내 점수는 만점이 아니었다. 그래도 1등급은 무난히 받을 수 있었다. 그런데 만약 내가 만점을 목표로 하지 않았다면 1등급을 받지 못했을지도 모른다. 국어 영역은 1교시니 마음이 크게 흔들려서 나머지 과목도 줄줄이 망쳤을 수도 있기 때문이다. 참고로 그해 수능 국어 영역 만점자는 전국에서 단한 명이었다.

만점을 목표로 열심히 공부하면 만점을 받을 수 있을까? 장담할 수는 없다. 나도 수능 만점을 받지는 못했다. 하지만 적어도 만점을 목표로 해야 최상위권에 들 수 있는 것은 분명하다.

○ 최상위권을 목표로 잡아야
   최상위권이 된다

만점을 목표로 하는 것은 적어도 이미 상위권에 속하는 학생들에게나 해당되는 얘기일까? 그렇지 않다. 상위권이 아니더라도 최종 목표는 만점으로 잡아야 한다. 지금 당장 만점을 받아야 한다는 말이 아니다. 목표를 만점으로 잡으라는 말이다.

현재 이 책을 읽고 있는 여러분의 성적은 다양할 것이다. 아직은 중위권, 하위권에 머물고 있다고 해서 예외가 아니다. 단기적으로는 현실적인 목표를 세우더라도 결국에는 만점을 맡겠다고 결심하라.

고등학교에서 배우는 내용이 지금은 어려워 보일지 몰라도 대학교에서 배우는 전공과목보다는 당연히 난도가 낮다. 머리가 나쁘다거나 재능이 없다고 자신을 매도하지 마라. 여러분은 단지 목표가 낮고 공부하는 요령이 부족하고 지금까지 공부에 투자한 양이 공부의 절대량에 못 미칠 뿐이다.

특히 전교 1등이나 최상위권 학생이란 자신과 다른 존재라고 선을 긋지 말기를 바란다. 당신이 그들처럼 되고 싶다면 그들과 똑같이 생각하고 행동해야 한다. 그들이 철저하게 공부하는 만큼 당신도 철저하게 공부해야 한다. 그리고 그들이 품은 목표를 당신도 품어야 한다.

최상위권 학생은 언제나 만점을 기준으로 생각한다. 99점도 실패다. 출제 난이도에 따라 커트라인이 달라지는 1등급도 아니다. 그들처럼 치열하게 공부하고 흔들리지 않는 결과를 내고 싶다면 그들과 같은 목표 의식을 우선 갖추자.

사람은 자신이 목표로 삼은 것보다 더 많은 것을 성취할 수 없기 마련이다. 팔굽혀펴기를 20개만 하겠다고 생각하면 18개부터 급격하게 몸이 무거워지고 20개를 채우고 나면 힘이 쭉 빠진다. 20개까지만 하면 된다고 생각하기 때문이다. 만약 처음부터 30개를 목표로 팔굽혀펴기를 시작했다면 18개보다는 조금 더 많이 한

다음부터 힘이 떨어지기 시작할 것이다. 그러다 30개까지 하지 못할 수도 있다. 그러면 다시 도전하게 된다. 애초에 목표가 30개였으니까. 그래서 결국에는 팔굽혀펴기 30개를 해내게 된다.

공부도 그렇다. 80점에 만족한다면 노력도 그 정도까지밖에 못한다. 시험 전날, 이를 악물고 덤비면 교과서를 한 번 더 읽을 수 있는데도 그냥 덮어 버리게 된다. 그사이 최상위권 학생들은 교과서를 한 번 더 읽고도 모자라 시험 시작종이 울릴 때까지 교과서나 정리 노트에서 눈을 떼지 않는다. 목표의 차이가 이 차이를 만든다.

여러분은 몇 점을 목표로 공부하고 있는가? 만점이 아니라면 지금 바로 목표를 높여라. 목표조차 만점이 아닌데 요행으로라도 만점을 받을 리가 없다. 만점이라는 목표가 여러분을 진짜 만점으로 이끌 것이다. 명심해라. 99점도 실패다.

09 공부를 많이 하면
오히려 공부가 재미있어진다?

○ 공부가 재미있는 사람은 없다

"무슨 일을 하든 즐기는 자를 못 따라간다. 저는 세상에서 그 얘기가 제일 싫어요. 절대 믿지 않아요."

국보급 센터라 불렸던 농구 선수 서장훈이 자신의 선수 시절을 회상하며 한 말이다. 이 말을 듣고 나도 무척 공감이 되었다.

내가 '공부머리를 타고났나 보다'라는 오해 외에 또 자주 받는 오해가 '공부가 무척 재미있나 보다'라는 말이다. 하지만 나는 공부가 재미있었던 적이 별로 없다. 공부에 가장 몰입했던 고3 때도 수능이 끝나는 날만 손꼽아 기다렸으니 말이다. 의대 본과 때도 방학만 바라보며 살았다. 공부가 재미있지 않으니 공부를 즐겨야 한다는 생각도 하지 않았다. 재미없는 것을 억지로 즐길 수는 없지 않은가. 내가 만나 본 최상위권 학생이나 서울대 의대 학생들 중에도 공부가 재미있다는 사람은 없었다.

서울대 의대에 지금까지 무려 100여 편의 논문을 쓰신 교수님이 있다. 다른 교수님들을 월등히 뛰어넘는 결과물이다. 나는 교수님이 의학이라는 학문 자체를 즐기시나 보다 생각했다. 역시 오해였다. 어느 날 교수님은 제자들 앞에서 고백하셨다. 논문을 쓴 것은 좋아서 한 일이 아니라 순전히 의무라서 한 일이라고 말이다.

모든 공부가 필연적으로 재미없지는 않을 것이다. 나는 의사로 살아오다가 책을 쓰고 싶은 마음이 생겨서 글쓰기를 공부했다. 글쓰기 강좌도 듣고 글쓰기 책도 읽고 직접 글을 써서 주위에 보여주기도 했다. 글쓰기 공부는 하면 할수록 참 재미있었다.

그런데 만약 내가 의무감에 글쓰기 공부를 했다면 어떨까? 예를 들어, 책을 내라는 지시를 받는 바람에 수시로 독촉에 시달리며 글쓰기 공부를 했다면? 과연 그래도 내가 재미를 느낄 수 있었을까? 아닐 것이다.

취미로 하는 공부는 재미있을 수 있다. 하지만 여러분이 지금 하고 있는 공부는 그런 것이 아니다. 여러분은 목표로 삼은 대학교에 입학하기 위해 또는 목표로 삼은 직업을 갖기 위해 의무감으로 공부를 하고 있다. 나 역시 그랬다. 공부가 딱히 재미있지는 않았지만 목표가 있었고 의무감이 있었기에 공부했다.

공부가 재미있었느냐는 오해를 받을 때마다 나는 이런 생각이 든다. 사람들은 재미를 느껴야만 잘할 수 있다고 생각하는 것은 아닐까? 바꿔 말하면, 재미를 느끼지 못하니까 잘하지 못하는 것이 당연하다고 자기 합리화를 하고 있는 것은 아닐까?

내가 재미있어하는 것은 공부가 아니라 따로 있다. 바로 게임이다. 하지만 게임은 공부만큼 잘하지는 못한다. 게임 경력이 20년이 넘지만 내 게임 실력은 잘한다고 내세우기엔 부족하다. 편을 가르고 하는 게임에서는 못한다고 핀잔을 먹기 십상이다. 단 한 번도 공부만큼 치열하게, 의무감을 가지고 게임에 임하지 않았기 때문이다.

재미있는 것과 잘하는 것은 다르다. 공부는 재미있어야 하는 것이 아니라 잘해야 하는 것이다. 재미있으면 더욱 좋겠지만, 그것과는 상관없이 잘해야 하니까 열심히 해야 하는 것이다. 이렇게 보면 공부가 도저히 재미있지 않아 공부를 못한다는 말은 핑계일 뿐이다.

○ 공부의 '레벨 업'을 즐겨라

어떤 분야에서든 최고의 위치에 오르려면 재미가 없어도 억지로 열심히 해야 하는 것일까? 매일 공부만 해야 하는 수험생 시절에는 모든 즐거움을 포기하고 감정 없는 기계로 살아야 하는 것일까?

사실을 말하자면, 나는 공부를 하면서 종종 재미를 느꼈다. 그것도 아주 큰 재미였다. 힘든 공부를 해낼 수 있었던 것은 바로 그 재미 덕분이었다.

게임을 예로 설명하면 이렇다. 게임을 플레이하는 사람들이 가장 큰 재미를 느낄 때가 언제인지 아는가? 막 시작했을 때? 마침내 엔딩을 보았을 때? 아니다. 한때 게임 중독자 수준으로 게임에 몰두했던 경력자로서 나는 자신 있게 말할 수 있다. 바로 게임 실력이 점점 향상될 때, 점수나 기록이나 레벨이 점점 올라갈 때 가장 큰 재미를 느낀다. 반면, 아무리 재미있게 플레이하던 게임이라도 자신의 실력이 제자리걸음에 머무르거나 캐릭터가 더 이상 성장할 수 없는 단계에 이르면 차츰 그 게임에 질리게 된다. 다르게 표현하면, 게임을 통해 경험하는 '성장'이 재미를 준다고 할 수 있겠다.

그래서 게임 제작사들은 유저들이 게임에서 성장의 재미를 보다 잘 느낄 수 있도록 신경 쓴다. 게임을 플레이할 때마다 능력치가 숫자로 표시되고 점수와 전적이 나와서 성장의 과정과 결과를 확인할 수 있도록 하고, 적어도 게임 초반에는 꽤 금방 성장을 할 수 있도록 설계한다.

공부도 마찬가지다. 공부에서의 성장은 참 재미있다. 공부에서 성장이라면 곧 성적 상승이다. 그런데 게임과 달리 공부는 성장의 과정과 결과를 확인하기도, 금방 성장하기도 힘들다는 것이 문제다. 열심히 공부해도 시험을 보기 전까지는 성적이 얼마나 오를지 도통 알 방법이 없다. 성적이 금방금방 오르지도 않는다. 게다가 공부를 조금이라도 소홀히 하면 성적이 떨어지기도 한다. 한동안 접속하지 않았다고 게임 캐릭터의 레벨이 떨어진다면 유저들이 막 짜증을 낼 것이다.

대신 공부에서의 성장은 힘든 만큼 더 큰 재미를 안겨 준다. 특히 여러분이 스스로 규정하고 있던 한계를 넘어서는 큰 성장을 한 번만 경험해 보면 확실히 알게 될 것이다. 그 재미는 게임의 재미와는 비교도 할 수 없을 정도로 달콤하다.

이미 앞에서 밝혔듯이, 나는 처음부터 전교 1등이었던 것이 아니다. 어느 순간 공부에서 성장의 재미를 경험하게 되었고, 그 재미를 또 경험하려고 자꾸자꾸 공부하다 보니 어느새 전교 1등이 되었다. 일단 그 재미에 맛을 들이고 나니 그 재미를 위한 노력을 지속하는 것은 오히려 쉽게 느껴졌다. 노력할수록 조금씩 레벨, 아니 성적이 올라가는 재미에 때로 힘든 순간이 닥쳐도 이겨 낼 수 있었다. 이게 다 성장의 밑거름이라는 생각에 매일 듣는 수업, 매일 읽는 교재, 매일 푸는 문제 하나하나도 기꺼이 해냈다. 게임으로 따지면 경험치를 쌓는 셈이니까.

그래서 역설적이게도, 공부는 적당히 하면 재미없고 많이 할수록 오히려 재미있어진다. 적당히 공부할 때는 성적이 오르지 않으니 재미를 느낄 기회도 없을 수밖에 없다. 하지만 공부의 절대량을 넘길 정도로 많이 공부하면 성적이 오르니까 그만큼 재미를 느끼게 되는 것이다.

'피할 수 없으면 즐겨라'라는 말이 있다. 나는 이 말 대신 '피할 수 없으면 이겨라'라고 말하고 싶다. 게임에서는 적을 이겨야 레벨이 오른다. 공부에서는 어려운 문제, 중요한 시험을 이겨 내야 성적이 오른다. 공부 자체를 즐기겠다는 헛된 기대를 품지 말고 공부의 결과로 오르는 성적 상승을 한껏 즐겨라.

과도한 두려움은 언제나 무력하다.

_ 아이스킬로스 Aeschylos, 고대 그리스 작가

10 걱정할 시간에
공부를 해라

○ 걱정, 세상에서 가장 쓸데없는 일

시험은 오직 한 번뿐이다. 망친 시험을 되돌릴 방법은 없다. 고등학교 3년 동안 열두 번 보게 되는 내신 시험은 다시 치르는 것 자체가 불가능하다. 수능은 다음 기회를 노릴 수도 있지만 무려 1년이나 기다려야 한다. 그나마 내신 시험은 중간고사를 못 보면 기말고사를 잘 보는 식으로 다소 만회라도 할 수 있지만 수능은 한 번의 시험으로 그냥 결판이 난다. 고등학교를 졸업하고 맞이하는 모든 시험도 마찬가지다. 학점, 자격증, 국가고시, 영어 시험, 면접…… 어떤 것이든 똑같은 기회는 두 번 다시 오지 않는다.

그렇다 보니 사람들은 시험을 준비하며 걱정에 시달린다. 나도 그랬다. 대학 입시를 준비하는 동안 불쑥불쑥 온갖 걱정이 엄습하곤 했다.

'영어 듣기 시험을 보는데 옆 사람이 소리를 내면 어쩌지?'
'시험 도중에 갑자기 아프면 어쩌지?'
'OMR 카드에 마킹을 잘못하면 어쩌지?'
'계산 실수를 저지르면 어쩌지?'
'모르는 문제가 나오면 어쩌지?'
'무슨 이유든 간에 시험을 망치면 어쩌지?'

그런데 한번 생각해 보라. 걱정한다고 해서 무슨 소용일까? 어니 젤린스키의 책 『느리게 사는 즐거움』에 이런 말이 나온다.

우리가 하는 걱정거리의 40퍼센트는 절대 일어나지 않을 사건들에 대한 것이고 30퍼센트는 이미 일어난 사건들, 22퍼센트는 사소한 사건들, 4퍼센트는 우리가 바꿀 수 없는 사건들에 대한 것들이다. 나머지 4퍼센트만이 우리가 대처할 수 있는 진짜 사건이다. 즉 96퍼센트의 걱정거리가 쓸데없는 것이다.

나는 지금까지 무수히 많은 시험을 보았다. 중·고등학교 때는 물론이고 의대에 다닐 때도 시험에 시험의 연속이었다. 하지만 내가 걱정하던 일은 단 한 번도 일어나지 않았다. 그 걱정은 절대 일어나지 않을 사건들에 대한 걱정이었던 것이다.

하지만 무슨 일이든 가능성이 0퍼센트라고 단정할 수는 없으니, 어쨌든 일어날 수는 있는 일이라고 치자. 그렇다면 어니 젤린스키의 분류에서 어느 것에 속할까? OMR 카드에 마킹을 잘못하는 것, 계산 실수를 저지르는 것, 모르는 문제가 나오는 것, 무슨 이유든 간에 시험을 망치는 것들은 우리가 대처할 수 있는 사건들이다.

그렇다면 대처하면 된다. 방법은 뻔하다. 이런 문제들을 겪지 않고 자신의 실력을 다 발휘할 수 있도록 열심히 공부를 하면 되는 것이다.

OMR 카드에 마킹을 잘못할까 걱정되는가? 정해진 시간 안에 문제를 다 풀도록 공부를 하면 된다. 계산 실수를 저지를까 걱정되는가? 평소에 단 한 번의 실수도 나오지 않도록 공부를 하면 된다. 모르는 문제가 나올까 걱정되는가? 모르는 문제가 없도록 공부를 하면 된다. 무슨 이유든 간에 시험을 망칠까 걱정되는가? 어떤 상황에 있든 간에 시험을 잘 보도록 완벽하게 공부를 하면 된다.

이 이야기가 불가능하게 여겨질 수도 있지만 실제로 나는 이렇게 공부했다. 더 완벽히 공부하려 애썼다. 걱정이 들수록 공부하고 또 공부했다. 그것 외에는 달리 할 일도, 할 수 있는 일도 없었기 때문이다. 내 공부를 믿었기에 나는 그 걱정들을 머릿속에서 쫓아낼 수 있었다.

○ 걱정에 대한 해결책은 언제나 공부다

계속 따져 보자. 어니 젤린스키의 분류에 따르면 우리가 바꿀 수 없는 사건도 있다. 우리 의지로는 어쩌지 못하는 일이 일어나는 것을 말한다. 예를 들어, 영어 듣기 시험을 보는 도중에 옆 사람이 재채기를 한다든가, 누군가 큰 소리를 내며 의자를 움직인다든가, 갑자기 스피커가 고장 난다든가 하는 일이다.

하지만 이 경우에도 다 방법이 있다. 마찬가지로, 최악의 상황에서도 자신의 실력을 다 발휘할 수 있도록 미리미리 공부해야 한다. 영어 듣기 시험을 준비한다면, 실전보다 빠른 속도로 듣는 것은 기본이다. 시끄러운 쉬는 시간에 듣기 문제를 풀거나, 음질이 나쁜 스피커나 녹음을 듣는 연습도 해야 한다. 씹을 때 큰 소리가 나는 음식을 먹으면서 듣기 연습을 하는 것도 좋고, 내용을 100퍼센트 다 듣지 못하더라도 답을 유추하는 연습을 하는 것도 좋다.

이렇게 미리 공부해 두면 갑작스러운 변수가 생겨도 충분히 대처할 수 있다.

나는 고등학교 2학년 기말고사를 앞두고 체육 실기시험인 트래핑을 연습하다가 발목을 다쳤다. 깁스를 하고 목발을 짚고 다녀야 할 정도로 부상이 심했다. 실기시험 점수는 거의 포기하다시피해야 하는 상황이었다. 눈앞이 캄캄해지면서 너무나 걱정되었다. 게다가 병원에 오가기도 해야 하고 깁스를 한 발목이 영 신경 쓰이기도 해서 공부 집중력이 흐트러졌다.

하지만 곧 마음을 다잡을 수 있었다. 평소 미리 공부해 둔 것이 있으니 이번에도 잘할 수 있으리라 믿었다. 결국 실기시험 점수는 그다지 좋지 못했지만 필기시험에서 만점을 받고 나머지 과목들에서도 평소보다 높은 점수를 받아 전교 1등이라는 성적을 올릴수 있었다.

이 정도 변수는 약과다. 내 의대 동기 중 한 명은 훨씬 더 심한일을 겪었다. 이 친구는 수능을 코앞에 두고 맹장염으로 수술을 받게 되었다. 그 바람에 환자복을 입은 채 시험을 치렀다고 한다. 그럼에도 서울대 의대에 합격할 수 있었던 것은 평소 미리 공부해두었기 때문이었다.

마지막으로, 여러분 중에는 '저번 시험을 망쳤는데 어쩌지?', '그동안 공부를 많이 못 했는데 어쩌지?' 하는 걱정을 하는 분도 많을 것이다. 이 걱정들은 이미 일어난 사건들에 대한 걱정이다. 과거는 잊어라. 타임머신을 타고 시간을 되돌려 과거를 바꿀 수 있는 것도 아니지 않은가. 이 경우에도 방법은 분명하다. 역시나 공부다.

　여러분이 어떤 걱정을 하든 지금 여러분이 할 수 있는 일은 하나뿐이다. 공부를 하는 것. 그러니 공부를 통해 간절히 얻고자 하는 바가 있다면 걱정은 뿌리치고 공부를 하자.

11 공부가 너희를
자유케 하리라

⋮

> 우리는 삶을 바꿀 수 있다.
> 우리가 바라는 것을 할 수 있고, 가질 수 있고, 될 수 있다.
>
> _앤서니 로빈스 Anthony Robbins, 미국의 작가이자 심리학자

○ 공부, 놀 수 있는 자유를 주다

무엇 하나 잘하지 못하던 내가 열심히 공부하게 된 것은 다름 아닌 수학 선생님의 칭찬 한마디 때문이었다. 또한 무시당하기 싫다는 오기 때문이기도 했다. 그런데 성적이 오를수록 내가 깨달은 사실이 있었다. 공부를 잘하면 '자유'를 가지게 된다는 것이다. '성적이 좋은 아이', '자기 할 일은 잘하는 아이'라는 이미지를 어른들에게 심은 덕에 나는 놀고 싶을 때 놀 수 있었다. 공부는 내게 '놀 수 있는 자유'를 준 셈이다.

중학교 때는 스트레스를 해소한다는 핑계로 친구들과 PC방에

서 밤을 새운 적도 있고, 게임을 하다가 비용이 10만 원이 넘게 나온 적도 있었다. 고등학교 1학년 때는 밤 10시에 학원이 끝나면 친구와 오락실에서 한 시간 정도 게임을 하고 동네 책방에서 만화책을 빌리곤 했다. 고등학교 2학년 때는 학원 자습이 끝나고 자정이 되면 새벽 2시까지 게임을 하기도 했다. 물론 게임은 어디까지나 시험에 지장이 가지 않는 선에서만 했다. 그마저도 고3이 되었을 때는 1년 동안 완전히 게임을 끊었다.

나는 이 게임을 하기 위해서라도 시험 기간은 물론 평소에도 열심히 공부했다. 성적이 나빴다면 죄의식, 미래에 대한 불안, 부모님의 걱정 때문에 제대로 놀지 못했을 것이다. 그렇다면 진짜 자유가 아니지 않느냐고 생각할 독자분도 있을 것 같다. 공부를 하지 않았다면 그 시간에 게임을 훨씬 많이 할 수 있을 테니까 말이다. 하지만 만약 그랬다면 공부하라는 어른들의 잔소리에 시달려야만 했을 것이다. 나는 어른들 말씀을 가볍게 무시할 정도로 담력이 큰 아이가 아니었다. 나는 오랜 시간 동안 노는 것보다도 눈치 보지 않고 노는 것이 훨씬 좋았다. 내게 놀 수 있는 자유란 곧 어른들의 잔소리 없이 놀 수 있는 자유였다.

어차피 고등학생까지는 아직 성인이 아니기에 자유롭지 않은 시기다. 돈도 시간도 부족한 학생 신분으로 어른들의 감시를 피해 놀아 봤자 얼마나 잘 놀 수 있을까. 그렇다면 열심히 공부해서 좋은 성적을 올리고 그 반대급부로 자유를 얻는 것이 현실적으로 우리가 할 수 있는 최선의 방법이다.

○ 공부, 후회로부터의 자유를 주다

그런데 공부가 내게 준 것은 '놀 수 있는 자유'뿐만이 아니다. 공부는 또 다른 자유도 주었다. 그것은 바로 '후회로부터의 자유'다.

예전에 한 방송사에서 다양한 연령대의 사람들에게 "인생에서 가장 후회되는 것이 무엇인가요?"라는 질문을 던졌다. 그 결과 1위를 차지한 대답은 바로 '열심히 공부하지 않은 것'이었다. 무려 20대, 30대, 40대, 50대에서 모두 1위를 차지했다.

그렇게도 게임을 놓지 못하던 나도 고3이 되자 게임을 딱 끊었다. 수험 생활에 후회를 남기고 싶지 않았기 때문이다. 일말의 후회라도 남는다면 스스로를 용서할 수 없을 것 같았다. 나는 고3, 그 1년을 글자 그대로 새하얗게 불태웠다.

만약 그때 열심히 공부하지 않았다면 지금의 나는 어떤 삶을 살고 있을지 가끔 상상해 본다. 어떻게든 대학에 진학하고 사회생활을 하고는 있을 것이다. 하지만 늘 마음 한구석에 '열심히 공부할걸' 하는 후회가 남아 있을 것이다. 내가 스스로를 대견하게 여기는 점은 서울대 의예과에 수석 합격했다는 사실이 아니라 후회 없는 수험생 시절을 보냈다는 사실이다.

자유로운 인생이란 어떤 것일까? 돈이 많은 인생? 여가 시간이 많은 인생? 미래가 보장된 인생? 사람에 따라 생각이 다르겠지만, 나는 진정으로 자유로운 인생이란 후회가 없는 인생이라고 생각한다. 과거에 대한 후회에 갇혀 있지 않은 사람은 기꺼이 앞으로 나아갈 수 있기 때문이다.

고등학교 때까지만 해도 어차피 학생 신분이기에 다들 고만고만하다. 하지만 고등학교 졸업이라는 문턱을 넘는 순간 삶의 모습은 달라지기 시작한다. 어느 대학에 진학하느냐, 무엇을 전공하느냐도 물론 큰 영향을 미친다. 하지만 그보다 더 큰 영향을 미치는 것은 후회 없이 최선을 다했던 경험 그 자체다. 살아가다 보면 여러 번의 시련이 닥칠 수 있다. 그때마다 후회 없이 최선을 다했던 경험은 나를 지탱하는 든든한 디딤돌이 되어 준다. '내가 그것도 해냈는데 이것쯤이야' 하고 또 한 번 후회 없이 최선을 다하게 된다.

공부를 통해 나는 어려운 과제에 도전할 수 있는 자신감과 일시적인 시련에 좌절하지 않을 수 있는 자존감을 함께 얻었다. 그 덕분에 고단한 인턴, 레지던트 기간도 이겨 낼 수 있었다. 내가 이렇게 책 쓰기에 도전하고 출판까지 이르게 된 것도 모두 그때의 경험이 준 자신감과 자존감 덕분이다.

여러분이 공부 말고 다른 방법을 통해 '후회로부터의 자유'를 손에 넣을 수 있다면, 굳이 공부하지 않아도 괜찮다. 실제로 그런 사람들도 꽤 있을 것이다. 하지만 그 길도 결코 쉽지는 않을 것이 분명하다. 그리고 장담하건대, 여러분이 공부 말고 다른 방법을 알고 있다면 지금 이 책을 읽고 있지도 않을 것이다.

그렇다면 다른 고민은 접어두고 공부에 온 신경을 집중하라. 후회 없이 열심히 공부하는 만큼 여러분의 인생은 더욱 자유로워지리라고 내가 약속한다.

공부의 쓸모

3부

공부 고수들의
6가지 남다른
자기관리 비법

12 공부에도
관성의 법칙이 있다

:

나는 실패하면 다시 시도하고,
또 시도하고, 또다시 시도한다.
_닉 부이치치 Nick Vujicic, 베스트셀러 작가이자 복음전도사

○ 공부 기계로 살았던 1년

"공부하는 기계가 돼라."

이제 갓 고3이 된 내게 담임 선생님이 해 주신 말씀이다. 공부하는 기계라니, 아무리 대학 입시가 1년도 안 남았다지만 무리라는 생각이 들었다. 성적이 좋긴 했지만 그때까지만 해도 나는 잠자기 전에 꼭 〈스타크래프트〉라는 게임을 하곤 했다. 좋아하는 만화 시리즈의 신간과 애니메이션도 꼬박꼬박 챙겨 봤다. 공부하는 기계가 된다는 것은 이 모든 것을 완전히 끊고 지내야 한다는 뜻이었다. 그러면 미쳐 버리지 않을까 걱정이 되었다.

그런데 이는 확실한 기우였다. 서울대 의대에 합격하고서 지난 1년을 돌이켜 보니 나는 정말로 공부하는 기계처럼 살았다.

고등학교 3학년 때 학교에서 어떻게 시간을 보냈는지 기억이 흐릿하다. 무슨 일들이 있었는지 잘 떠오르지 않는다. 그도 그럴 것이, 언제나 오로지 공부뿐이었기 때문이다. 나의 하루는 무척 단순했다.

이외에는 밥 먹고 씻고 이동하는 것밖에 없었다고 해도 과언이 아니다. 참, 예외가 있긴 있었다. 내가 고3이었을 때는 2002년이었다. 한일 월드컵이 개최된 바로 그해다. 그때는 나라 전체가 들썩였다고 해도 과언이 아니었다. 조별 예선 때는 그래도 꾹 참고 공부에 열중할 수 있었다. 하지만 우리나라가 16강에 진출한 다음부터는 도저히 그럴 수가 없었다. 16강부터 마지막 3·4위전까지 딱 네 번의 경기는 학원에서 생방송으로 보며 응원했다. 몰래 생방송을 본 것이 아니라, 학원 선생님들까지 모두 함께 봤다.

이때를 제외하고는 정말로 매일같이 이런 하루가 이어졌다. 언제나 시선은 칠판 아니면 책상을 향해 있었고, 머릿속에는 공부 생각만 가득했다. 오전에도 오후에도 평일에도 주말에도…… 그저 계속 공부를 했다. 그러다 보니 어느새 1년이라는 시간이 훌쩍 지나가 있었다.

어떻게 1년 내내 이렇게 생활할 수 있었을까? 뚜렷한 목표가 있었기 때문일까? 그것도 한 이유일 수는 있을 것이다. 나는 한의대를 목표로 하고 있었고 한의대에 진학하기 위해서는 성적이 아주아주 좋아야 한다는 사실을 잘 알고 있었으니까 말이다. 하지만 그것만으로는 부족했다. 사람의 의지란 그리 믿을 만한 것이 못 된다. 오죽하면 작심삼일이란 말이 있겠는가.

나의 담임 선생님이 해주신 말씀에서 해답을 찾을 수 있다. 공부하는 기계. 그런데 독자분들은 기계라는 단어에서 거부감과 부담감부터 느끼실 수 있을 것 같다. 나도 그랬다. 그래서 대신 이렇게 표현하고 싶다. 공부하는 습관.

기계와 습관은 완전히 다른 영역 같지만 사실 원리는 같다. 생각 없이도 행동하는 것이다. 개념 없이 군다는 뜻이 아니다. 어떤 행동에 대해서 "해야지, 해야지, 해야 해" 하고 의식하지 않고도 그냥 하게 된다는 뜻이다.

나는 고2 때까지만 해도 밤늦게 집에 들어오면 게임을 시작하곤 했는데, 이때 '게임해야지' 하고 따로 마음을 먹은 적은 없었다.

생각하지 않고도 무의식적으로 컴퓨터를 켜고 게임을 실행시키곤 했다. '집에 오면 게임을 한다'는 것이 내 습관이었던 셈이다. 같은 원리로, 공부하는 습관이란 굳이 '공부해야지'라고 생각하지 않고도 무의식적으로 공부를 하는 것이다.

○ 나쁜 습관을 새로운 습관으로 덮어씌우기

공부하는 습관. 말로 하니까 쉬운 듯한데, 물론 실제로는 쉽지가 않다. 공부와는 관계없는 습관, 공부를 방해하는 습관이 이미 단단히 박혀 있기 때문이다. 습관이란 것은 새로 만들기보다 없애기가 훨씬 어려운 법이다.

뉴턴의 운동 법칙 중 제1법칙이 바로 '관성의 법칙'이다. 모든 물체는 기존의 운동 상태를 유지하려고 한다는 것이다. 우리 뇌에도 관성의 법칙이 있다. 뇌는 원래 하던 대로, 기존의 습관대로 하기를 좋아한다. 그래서 나쁜 습관을 없애지 못하는 것은 몇몇 사람만의 문제가 아니라 누구나 다 그렇다.

어떻게 하면 기존의 습관을 없앨 수 있을까? 게임 습관을 여러 번 끊어 본 당사자로서 나의 경험과 노하우를 들려 드리겠다.

고3이 된 나는 하루를 공부로 꽉꽉 채웠다. 그 결과 앞에서 이 야기한 바와 같은 단순한 하루 일과를 반복하게 되었다. 야간 자습에다 학원 자습까지 마치고 집에 들어오면 이미 자정을 넘은 새벽이었다. 몸이 너무 피곤해서 컴퓨터 앞에 앉고 싶은 마음이 조금도 들지 않았다. 곧바로 침대에 몸을 던졌고 그대로 잠들어 버리곤 했다. 아침에 눈을 뜨면 똑같은 하루가 반복되었다. 그다음 날도, 또 그다음 날도……. 그러고 났더니 어느 순간부터 게임 생각이 전혀 나지 않았다.

서울대 의대 본과 4학년 때는 〈월드 오브 워크래프트〉라는 게임에 빠졌다. 너무 재미있어서 죽을 때까지도 질리지 않을 것 같았다. 그런데 의대를 졸업하고 대학 병원 인턴이 되고 나니 일하느라 너무 바빴다. 도무지 게임을 할 짬을 낼 수가 없었다. 시간이 나면 부족한 수면을 보충하느라 바빴다. 인턴 생활을 시작하고 첫 한 달 동안엔 게임을 한 번도 못 했다. 그러고 났더니 오히려 게임을 하고 싶은 마음이 싹 사라졌다.

게임을 예로 들었지만, 만화책 보기든 TV 보기든 쇼핑하기든 다 마찬가지다. 그 습관을 없애려고 애쓰기보다, 아예 새로운 습관으로 덮어씌워야 한다. 기존의 습관 대신 새로운 습관을 만드는 것이다. 그 새로운 습관은 물론 공부여야 한다. 게임을 계속 안 하면 게임 안 하는 것이 습관이 되고, 공부를 계속하면 공부하는 것이 습관이 될 것이다.

하루에 30분만 게임을 하겠다, TV 보는 시간을 두 달에 걸쳐 서서히 줄이겠다, 이번 주까지만 놀고 다음 주부터 공부하겠다…… 이런 식의 적당한 타협책은 결코 통하지 않는다. "오늘까지만 먹고 싶은 대로 먹고 내일부터 다이어트할 거야"라는 사람치고 다이어트에 성공하는 사람을 본 적 있나? 장담하건대, 한 명도 없을 것이다. 이런 타협책은 어떻게 해서든 기존의 습관을 꾸준히 유지하겠다는 말밖에 안 된다. 뇌가 가진 관성을 과소평가하는 것이다. 습관과 타협하지 말고 단호히 끊어 내야 한다.

일단 공부 습관이 생기면 뇌의 관성 때문에 공부하고 또 공부하게 된다. 놀고 싶다는 마음 자체가 생기지 않는다. 머리가 몸에 공부하자고 명령하는 것이 아니라 일단 몸이 저절로 공부하는 자세를 취한다. 아무 생각 없이 책상에 일단 앉고 본다. 머리가 아니라 엉덩이로 공부한다는 것은 이런 의미다.

그래도 사람인데 여가 시간을 적당히 가져야 하지 않을까? 그렇지 않다. 그건 공부 습관이 없는 사람들에게 해당되는 말이다. 최상위권 학생들은 공부하는 것을 그렇게 힘들어하지 않는다. 공부 습관이 잡혀 있어서 공부가 별 게 아닌 것으로 느껴지기 때문이다. 공부는 습관이자 자연스러운 하루 일과다. 그래서 여가 시간도 그다지 필요 없다.

계속 공부하다가 뇌가 혹사로 폭발했다는 얘기를 들어 본 적 있는가? 없을 것이다. 정말로 뇌를 배려하고 싶다면 공부 습관을 들이면 된다. 뇌는 습관대로 행동하는 것을 가장 편하게 여긴다. 변화 그 자체가 스트레스다. 내가 의사로서 독자분들에게 꼭 강조하고 싶은 사실이다.

게임이나 TV 등 공부할 시간을 갉아먹는 습관 때문에 고민이라면 속는 셈 치고 하루 종일, 일주일 내내 공부만 해 보자. 그러면 어느 순간 공부가 여러분의 새로운 습관이 되어 있는 것이 느껴질 것이다.

만약 공부하는 습관이 들지 않아서 힘들다면 다음과 같은 극약처방을 해 보기 바란다. 기존의 습관을 새로운 습관으로 덮어씌우려면 한두 달가량 걸리는데, 그중에서도 가장 힘들면서 가장 결정적인 시기는 처음 1~2주다. 그러니 짧게는 2주, 길게는 두달 정도 그저 공부만 할 수밖에 없는 스케줄을 만들자. 단순히 시간표를 짜는 것이 아니라 그렇게 할 수 밖에 없도록 강제성을 띠어야 한다.

방법은 다양하다. 예를 들어, 부모님에게 밤 12시가 되기 전에는 문을 열어주지 말아 달라고 부탁할 수 있다. 학교가 끝나면 집에 안 가고 학원이나 독서실로 바로 갈 수도 있다. 다른 행동을 하지 못하게 지갑도 들고 다니지 않는 것도 한 방법이다. 자꾸 꺼내 보는 만화책이 있다면 전부 갖다 버려라. 대학 합격 등 자신의 목표를 이

룬 다음에 다시 사면 된다. 컴퓨터나 노트북도 자신의 방에 두지 마라. 나는 중학생 시절부터 컴퓨터가 거실에 있었다. 거실 한가운데 앉아서 컴퓨터를 하고 있으면 아무래도 눈치가 보인다. 인터넷 강의를 들을 때도 가족이나 경쟁자가 지켜볼 수 있는 곳에서 들어라.

○ 게임을 사랑하는
독자분들에게 드리는 말씀

특히 게임을 끊지 못해 애를 먹는 독자분들이 많을 테니, 내 경험을 한 가지 더 말씀드리겠다. 레지던트로 근무하던 시절, 나는 〈리그 오브 레전드〉에 빠졌다. 환자를 직접 진료하지 않는 영상의학과라고 해도 레지던트 생활은 그렇게 녹록지 않다. 그런데 〈리그 오브 레전드〉는 어찌나 중독성이 강한지 나는 야근을 마치고 집에 가서도 기어이 게임을 하곤 했다. 아침마다 잠에서 깨느라 곤욕을 치르는데도 포기할 수가 없었다.

그러다 어느 날 실수로 내 계정 정보를 모두 잃어버리고 말았다. 순간적으로 머릿속이 하얘졌다. 처음부터 다시 시작하자니 짜증이 나서 며칠 동안 게임에서 손을 놓았다. 그러고 났더니 더 이상 게임을 하기가 귀찮아졌다.

이 이야기를 통해 알 수 있는 방법이 뭔지 눈치채셨을 것이다. 그렇다. 여러분이 애지중지하는 게임 계정이나 게임 캐릭터를 과감히 지워 버리라는 말이다.

하루 이틀 게임을 안 하면 게임 화면이 눈앞에 아른거리지만, 게임을 못 하는 기간이 길어지면 하고 싶은 마음 자체가 싹 사라질 것이다. 특히 하루가 다르게 업그레이드되는 온라인 게임은 1~2주, 길어도 한 달만 안 하면 쫓아가기 귀찮아서 그만두게 될 것이다. 내가 장담한다. 바로 내가 그랬으니까.

분명한 점은, 시간이 지나면 지금 여러분이 죽고 못 사는 그 게임보다 더 재미있는 최신 게임이 나온다는 것이다. 그때 가면 지금 여러분이 빠져 있는 그 게임을 하는 사람은 거의 남아 있지도 않을 것이다. 여러분 스스로도 그 게임이 한물갔다고 느낄 것이다. 그러니 지금 그 게임을 하지 못해도 아쉬워할 필요가 없다. 지금 이 순간만 극복하면 훗날 최신 게임을 질릴 때까지 즐길 수 있다. 게임 경력 20년 소유자로서 드리는 간곡한 충고다.

13 시간 관리의 진짜 비결, 조바심

⋮

ㅇ 스터디 플래너의 효과? 과연……

요즘 서점에 가면 참 멋지게 디자인된 스터디 플래너가 많다. 거기에 계획을 써 놓기만 해도 공부가 술술 잘될 것만 같다. 검색 해 보면 수험생들이 자신의 스터디 플래너 사진을 자랑스럽게 올 려놓은 게시물들을 어렵지 않게 찾을 수 있다. 공부 계획이 빽빽하 게 채워져 있는 스터디 플래너가 내 눈에는 마치 팔만대장경처럼 보인다. 그런가 하면, 최근에는 애플리케이션 형태의 스터디 플래 너를 이용해 공부 계획을 빼곡히 적어 둔 사람들도 많은 것 같다.

그런데 나는 그런 식으로 시간 관리를 해 본 적이 없다. 내 학창 시절에는 스터디 플래너라는 이름의 노트가 시중에 없었지만 그래도 마음만 먹으면 다이어리를 스터디 플래너로 이용할 수도 있었다. 하지만 그렇게 하지 않았다. 서울대 의대에 진학한 후에도 마찬가지였다. 의대 동기들 중에도 그렇게 세세하게 시간 관리를 하는 친구는 별로 보지 못했다.

30분, 한 시간 단위로 공부 계획이 가득 차 있는 스터디 플래너를 볼 때마다 내가 가장 먼저 드는 생각은 이것이다. 저렇게 꼼꼼하게 계획을 세우는 데 도대체 얼마나 많은 시간을 썼을까? 공부할 교재를 펼쳐서 페이지 수를 세고 날짜와 시간을 계산해서 분량을 나누는 과정에는 상당한 시간이 걸릴 수밖에 없으니까 말이다.

그뿐인가. 공부하다 보면 계획을 확인하기 위해 중간중간 자꾸 스터디 플래너를 펼치게 된다. 공부를 마친 다음에는 계획대로 했다고 표시하기 위해 또 스터디 플래너를 펼친다. 심지어 어떤 스터디 플래너에는 하루를 돌아보는 반성문을 쓰는 칸까지 있다. 그 칸을 채우느라 또 스터디 플래너를 펼친다. 스터디 플래너가 잡아먹는 시간이 꽤 되는 셈이다. 매일매일의 반성문은 시험이 다 끝난 다음에 추억을 되새기는 용도는 될 수 있을지 몰라도, 성적에 보탬이 될지는 의문이다.

그래도 계획대로만 착착 된다면 괜찮겠지만, 그렇지도 않다. 아무리 생활 패턴이 비교적 일정하다 해도 지내다 보면 크고 작은 변수가 생기기 마련이다. 공부하다가 잠들 수도 있고, 예상보다 내용이 어려워서 한참 헤맬 수도 있다. 감기에 된통 걸릴 수도 있고, 빠질 수 없는 학교 행사나 집안 행사가 잡힐 수도 있다. 오늘은 1단원, 내일은 2단원, 모레는 3단원을 공부하기로 계획을 세웠다가 갑작스러운 변수로 오늘 1단원을 끝내지 못하면 이후의 계획까지 모두 어긋나 버린다. 이렇게 계획이 몇 번 틀어지다 보면 스터디 플래너를 어떻게 정리해야 할지 난감해 자포자기하는 심정이 된다.

게다가 너무 구체적으로 계획을 세우는 것은 자신의 한계를 미리 정해 버리는 일이 아닌가. 오늘 문제집 열 장을 풀겠다고 계획하는 사람치고 계획을 초과해 열한 장을 푸는 경우는 별로 없다. 일곱 시간만 자겠다고 알람을 맞춰 놓은 사람이 여섯 시간만 자고 벌떡 일어나지 않는 것처럼 말이다.

○ 시간 관리는 마음에 달렸다

물론 스터디 플래너를 사용해서 성적이 올랐다는 사람들도 있을 것이다. 나는 굳이 "스터디 플래너 따위는 쓰지 마세요!" 하고 주장하려는 것이 아니다. 다만 지금 내가 염려하는 것은 시간 관리를 스터디 플래너에 지나치게 의존하는 것이다.

스터디 플래너에 계획을 적다 보면 그 계획대로 이미 다 이루어진 듯한 기분에 빠지기 십상이다. 그건 착각에 불과하다. 계획은 계획일 뿐, 결코 실제 행동을 보장해 주지 않는다. 스터디 플래너는 계획을 적어 두는 메모 기능만 있을 뿐, 여러분을 계획대로 딱딱 공부하게 만들어주는 기능은 없다.

나는 스터디 플래너를 이용하지 않았지만 바로 이것이 있었기에 공부 계획을 완수할 수 있었다. 이것이란 바로 '조바심'이다.

내게는 시험 전까지 최소한 교과서 3회독을 마쳐야 한다는 조바심이 있었다. 계획한 공부량을 채우는 속도가 지지부진한데 시험 날이 하루하루 다가오면 조바심은 더욱 커졌다. 그 조바심 덕분에 나는 계획대로 완수할 수 있었다.

서울대 의대에서는 이런 상태를 두고 '후달리다'라고 표현했다. 후달림이 커지면, 그러니까 조바심이 나면 몰입도가 높아진다. 찰나의 시간도 허투루 보내지 않고 그저 공부에만 빠져들게 된다. 만나기로 했던 친구도 안 만나고, 동아리 행사에도 빠지고, 주말인데도 집에 안 가고 기숙사에 남아서 공부하게 된다. 그러니 계획대로 공부를 할 수 있게 된다.

이때 중요한 점은, 계획의 최종 목표를 절대 낮추지 않는 것이다. 3회독을 해야 하는데 하다 보니까 2회독밖에 못 해 놓은 상태라면 나는 시험 전날 밤을 새워서라도 해냈다. 당연히 기왕이면 잠을 충분히 자는 편이 좋다. 하지만 그것은 계획대로 달성되었을 때의 이야기다. 계획을 포기하고 잠을 푹 자서 컨디션이 좋은 쪽, 잠을 자지 못해 피곤한 상태이지만 계획을 완수해 놓은 쪽, 이 중 어느 쪽의 시험 결과가 더 나을까? 당연히 후자다. 나는 본과 1학년 과목 중 9학점짜리 병리학은 평소답지 않게 밤을 새워서 A+를 받았다. 시험 전날 밤을 새울지 말지를 고민하는 것은 원래 계획한 공부량을 채운 다음에나 하는 것이다.

그럼 만약 계획을 예상보다 일찍 완수했을 때는 내 조바심이 사라졌을까? 그렇지 않았다. 이번에는 혹시라도 놓친 것이 있을까, 행여 무슨 변수가 생길까 조바심이 났다. 그래서 공부할 수 있을 때 최대한 해 놓기 위해 계속 공부했다.

다시 말씀드리지만, 스터디 플래너라든가 스케줄 관리 애플리케이션이 본인에게 유용하다면 쓰면 된다. 플래너에 적힌 계획을 모두 완수했을 때 느끼는 성취감도 쏠쏠할 것이다. 하지만 궁극적으로 시간을 뺏기지는 않는지, 공부의 한계를 미리 정해 놓는 것은 아닌지 따져 볼 필요가 있다. 특히, 여러분의 시간 관리는 스터디 플래너가 아니라 여러분의 마음속 조바심에 달려 있다는 사실을 명심해야 한다.

14 집중력 유지의
기술

가장 큰 자유는
우리의 태도를 선택할 수 있는 자유다.

_빅터 플랭클 Viktor Frankl, 의사이자 전 대학교수

○ 집중력이 약한 것은 당연한 일

소위 '공부 잘하는 약'이 시중에 팔리고 있다. 이 약의 주된
성분은 메틸페니데이트다. 원래는 주의력 결핍 과잉행동장애
(ADHD)나 기면증을 치료할 때 사용되는데, 집중력을 높여 주는
효과가 있다. 그래서 '집중력 높이는 약'이라고도 불린다고 한다.
이 약은 불면증, 식욕 감퇴, 두통, 내성, 정신적 의존성 등 여러 부
작용을 일으킬 수 있지만 그럼에도 알음알음으로 많은 수험생이
복용하고 있다. 특히 수능 시험 직전인 10월에 처방 건수가 급증
한다고 한다.

나 역시 수험생이었던 사람으로서, 그리고 현직 의사로서 복잡한 심정이 든다. 집중력을 높이면 공부를 잘할 수는 있을 것이다. 하지만 대학 입시 공부는 하루 이틀 하는 것이 아니라 몇 년씩 하는 것이 아닌가. 그렇다고 365일 내내, 심하면 몇 년씩 계속 이 약을 복용할 수도 없는 노릇이다. 부작용 때문에 오히려 공부에 방해가 될 것이다.

사실 여러분이 어느 시간 이상 집중하지 못하는 것은 당연하다. 독일의 교육심리학자 쿠르트 헬러와 호르스트 니켈이 연령대별 집중 가능 시간을 연구해 발표했는데, 이 연구에 따르면 어릴수록 집중할 수 있는 시간이 짧아지고 청소년의 경우 한 번도 쉬지 않고 집중할 수 있는 시간은 한 시간 정도라고 한다. 적어도 이 책을 죽 읽을 수 있는 독자분들이라면 집중력이 지극히 정상인 것이다.

그렇다면 여러분이 해야 할 일은 무리해서 집중력을 높이는 것보다도 집중력을 흐트러뜨리는 요소를 완전히 제거하는 것이다. 그래야 잠시 집중력이 약해지더라도 금세 다시 집중력을 되찾을 수 있다. 내가 실천했던 방법 몇 가지를 알려 드리겠다.

○ 집중력 방해 요소를 제거하는 방법 5

첫째, 공부할 때는 집을 떠나라. 집에서 집중이 잘되는 사람들도 있겠지만 상대적으로 드물다. 내가 학창 시절에 본 최상위권 학생들은 모두 학원이나 학교, 독서실에서 공부했다. 나 역시 학교 아니면 학원에서 공부했다. 밤늦게 집에 들어오면 바로 잠자리에 들었다. 예외는 내신 시험 전날뿐이었다. 밤늦게 집에 들어와서도 좀 더 공부했다. 학원이 문 닫는 시간 이후에도 공부해야 할 분량이 남아 있었기 때문이다.

서울대 의대 동기들만 보아도 집이나 기숙사에서 공부하는 친구는 한 손으로 꼽을 정도로 적었다. 거의 대부분은 도서관에서 공부했고 나도 수업이 끝나면 무조건 도서관에 가서 문 닫는 시간까지 공부했다.

학원, 학교, 독서실에서는 왜 집보다 집중이 잘될까? 주변에 공부하는 사람들뿐이라서 공부하는 것이 당연한 분위기이기 때문이다. '누가 먼저 자리를 뜨나 보자' 하고 은근한 경쟁심도 생긴다. 단, 자꾸 함께 놀게 되는 친구가 옆에 있어서는 안 된다. 친한 친구와는 서로 멀리 떨어져 공부하는 편이 낫다.

둘째, 움직임은 불편하되 몸은 편하게 하라. 일단 자리에 앉으면 쉽게 움직일 수 없어야 하고, 대신 편안한 자세를 유지할 수 있어야 한다는 뜻이다. 그래서 바퀴가 달린 의자는 피하는 것이 좋다. 공부하는 자리는 화장실과 입구가 멀어서 자주 가기 귀찮은 위치가 낫다. 개인용 사물함 역시 멀리 있는 것이 좋다. 가까이 있으면 편할 것 같지만 필요한 물건이 생각날 때마다 자꾸 자리에서 일어나게 되기 마련이다.

편안한 자세는 건강을 위해서도 중요하다. 무슨 일이든 건강해야 잘되는 법이다. 공부하는 도중에 계속 목, 어깨, 허리에 통증이 느껴지면 집중이 될 리가 없다. 책상이 너무 낮거나 의자가 너무 높으면 목이 아프다. 자신의 키에 맞는 책상과 의자를 골라야 한다. 무언가를 읽을 때는 꼭 독서대를 사용하시길 권한다. 나는 독서대를 사용하지 않으면 목과 어깨에 통증이 심해서 집중할 수가 없었다.

셋째, 디지털 기기를 제거하라. 나는 의대를 졸업하고 나서야 스마트폰을 처음 구입했다. 일부러 그런 것이 아니라, 내가 의대를 졸업할 때까지는 아직 스마트폰이 대중화되지 않았기 때문이다. 나로서는 정말 다행스러운 일이었다고 생각한다. 만약 고등학생일 때 스마트폰을 샀다면 나는 시험을 망쳐도 크게 망쳤을 것이다.

요즘은 인터넷 강의 때문에라도 스마트폰, 태블릿, 노트북 등 디지털 기기를 이용하는 사람들이 많다. 그런데 독자분들도 경험해 보았겠지만 디지털 기기를 가지고 공부만 하게 되던가? 나도 전문의 시험공부를 할 때는 아이패드를 이용했는데, 툭하면 게임을 하곤 했다.

스마트폰으로는 최신 게임은 물론 채팅, 웹서핑, 쇼핑 등 모든 것이 가능하다. 이런 굉장한 즐거움을 바로 옆에 둔 채 공부에 집중한다는 것은 애초에 불가능한 일이다. 꼭 딴짓을 하지는 않더라도, 딴짓을 자제하려 노력하는 것만으로도 상당한 정신력이 소모된다. 가장 좋은 해결책은 스마트폰을 없애는 것이다. 하지만 최소한의 연락 정도는 주고받아야 한다면 공부에 불필요한 앱을 지우고 모바일 데이터에도 빡빡한 제한을 걸어 두어야 한다. 와이파이가 연결되도 안 된다. 이것으로도 부족하다면 공부할 때만큼은 손이 닿지 않는 곳에 스마트폰을 치워 두어야 한다. 아예 집에 핸드폰을 놔두고 나오는 것도 방법이다.

스마트폰보다는 약간 덜하지만, 노트북과 태블릿 역시 방해물이 되기 딱 좋은 물건들이다. 인터넷 강의용으로 쓰는 노트북이나 태블릿에서도 다른 프로그램이나 애플리케이션은 죄다 삭제하라. 즐겨찾기를 모두 지우고 브라우저 첫 페이지를 인터넷 강의 홈페이지로 바꿔 놓는 것은 기본이다. 그리고 인터넷 강의를 다 봤으면 곧바로 멀리 있는 사물함에 집어넣어라. 그러지 않으면 치킨을 눈앞에 두고 단식을 하는 상황이 된다.

넷째, 그날 공부할 양을 미리 정해 두라. 앞에서는 스터디 플래너에 대해 회의적인 이야기를 해 놓고 왜 계획을 세우는 걸까 오해하는 분들이 있을지도 모르겠는데, 나는 스터디 플래너 식으로 너무 세세하게 계획을 세우는 일에 의문을 제기한 것뿐이다. 계획이야 당연히 필요하다. 특히 오늘 반드시 어디까지 공부해 내겠다는 목표를 정해 두지 않으면, 중간중간 작은 단원이 끝날 때마다 집중력이 흐트러진다. 또 오후가 되고 저녁이 될수록 '이 정도 공부하면 되지 않았나' 하는 마음에 집중력이 흐트러지면서 속도가 더뎌진다.

그날 공부할 양은 학교든 학원이든 도서관이든 여러분이 공부하는 장소가 문을 닫는 시간까지 쉬지 않고 공부해서 겨우 끝날 정도의 분량이 좋다. 이보다 너무 적어도, 너무 많아도 집중력을 방해하는 요인이 된다.

다섯째, 정 졸리면 쪽잠을 자라. 졸음을 해결하는 가장 좋은 방법이 뭘까? 졸음이 쏟아질 때 그대로 엎드려 쪽잠을 자는 것이다. 물론 이때 반드시 알람을 맞춰 두거나 다른 사람에게 깨워 달라고 부탁해야 한다. 쪽잠이란 어디까지나 짧은 시간 동안 자는 잠이다. 너무 많이 자면 오히려 밤에 잠이 안 와서 생활 리듬이 망가질 수 있다. 계획대로 공부하지 못했다는 자책감에 공부 의욕도 떨어진다. 쪽잠은 20~30분이면 충분하다.

◦ 나만의 방법을 추가해 보자

이외에도 집중력을 흐트러뜨리는 요소는 많다. 옷, 음식, 연예인……. 어떤 것이든 핵심은, 집중력을 흐트러뜨리는 요소 자체를 제거해야 한다. 앞서 나는 공부에 방해되는 습관은 아예 끊어 버리라고 말씀드렸다. 같은 맥락이라고 보면 된다. 집중을 방해하는 요소를 모두 제거하기만 해도 엉덩이는 저절로 무거워진다.

어떤 요소는 제거하는 일 자체가 어려울 수도 있다. 그렇다면 미루는 것이라고 여겨도 좋다. 예를 들어, 자꾸 같이 놀자고 하는 친구에게는 시험 이후에 또는 대학 입시 이후에 실컷 놀겠다고 약속하라. 그런다고 해서 우정까지 없어지는 것은 아니다. 함께하는 시간을 잠시 뒤로 미루는 것뿐이다.

평소 여러분의 집중력을 흐트러뜨리는 요소는 무엇인가? 곰곰 생각해 보고, 내가 알려 드린 다섯 가지 방법에다 여러분만의 방법을 추가해 보길 바란다.

15 놀 땐 놀고 공부할 땐 공부하는 마음속 스위치

행동해야 현실이 된다.

_장 폴 사르트르 Jean Paul Sartre, 프랑스의 사상가이자 작가

○ 서울대 의대에서 만난 능력자들

내가 즐겨 보는 TV 프로그램 중 하나가 엠넷의 〈너의 목소리가 보여〉다. 이 프로그램에서 패널들은 일반인 도전자들 중 실력자는 누구이고 음치는 누구인지 추리해 낸다. "저 사람은 얼굴이 잘생겼으니까 노래까지 잘하지는 않을 것 같아요", "저 정도로 노래를 잘하는 사람이 저런 직업을 가질 리가 없잖아요" 하는 식으로 가려 내는데, 종종 깜짝 놀랄 만한 결과가 나온다. 얼굴도 잘생기고 공부도 잘하고 사회적으로도 잘나가는 사람이 심지어 노래까지 잘하는 경우다.

그 프로그램을 보며 서울대 의대에 갓 입학했을 때가 떠올랐다. 동기와 선후배 중에 다재다능한 능력자가 어쩌면 그리도 많던지. 누구는 노래를 진짜 가수처럼 잘하고, 누구는 춤을 진짜 댄서처럼 잘 추고, 누구는 운동을 진짜 선수처럼 잘하고, 누구는 악기를 진짜 연주자처럼 잘 다루고……. 잘하는 것이라고는 그저 공부밖에 없던 나는 깜짝 놀랄 수밖에 없었다. 한때 게임을 즐겼던 경험을 되살려 명함 좀 내밀어 보려 했지만 어림없었다. 게임을 프로게이머 수준으로 잘하는 친구들도 많았다. 3년 동안 기숙사를 함께 썼던 서울대 치대생 형도 스타크래프트의 고수였다. 세상은 넓고 대단한 사람은 참 많구나 싶었다.

공부 말고 취미 생활도 열심히 할걸 하고 후회하는 것은 아니다. 오히려 공부에만 매진하길 백 번 천 번 잘했다고 생각하고 있다. 나는 여러 가지를 다 잘할 수 있는 능력자와는 거리가 멀다. 취미 생활까지 신경 썼더라면 서울대 의대에 결코 합격하지 못했을 거라고 확신한다.

그런데 요즘 중고등학생들이 치르는 대학 입시 제도에서는 공부 외에도 신경 써야 할 것이 많다. 봉사 활동도 해야 하고, 동아리 활동도 해야 한다. 또 책도 읽어야 한다. 그렇다고 공부를 후순위로 미룰 수도 없는 노릇이다. 대학에서 공부 외에 다른 활동들도 고려한다는 것은, 역설적으로 여전히 공부가 가장 기본적인 판단

요소라는 사실을 말해 주니까 말이다. 대학 입시 제도가 어떻게 되든 간에 내신 점수와 수능 점수는 가장 중요하다.

대학생들도 마찬가지다. 취업하려면 학점도 좋아야 할뿐더러 자격증도 취득해야 하고 어학 점수도 따야 한다. 그것으로도 모자라 남들과 구별되는 자신만의 특별한 스펙을 쌓기 위해 머리를 쥐어짜야 한다.

그래도 직장인에 비하면 약과다. 취업했다고 끝이 아니라 취업 이후에도 끊임없이 자기계발을 위한 공부를 해야 한다. 그런데 회사 일에 치이다 보면 공부할 시간을 내기가 힘들다.

우리가 사용할 수 있는 시간에는 제한이 있다. 하루는 24시간이고 일주일은 7일이고 1년은 365일이다. 아무리 노력해도 시간을 늘릴 수는 없다. 그 제한된 시간 동안 공부도 하랴, 다른 활동들도 하랴 하루 일과가 빈틈 하나 없이 빽빽하다. 해야 할 일은 많은데 시간을 내는 데는 한계가 있다. 마른 수건을 쥐어짜는 격이다. 그나마 그 제한이 누구에게나 똑같이 적용된다는 사실이 위로가 될 뿐이다.

그렇다면 내가 서울대 의대에서 만난 능력자들은 공부를 하는 와중에 어떻게 다른 경험들을 하고 다른 능력들까지 키울 수 있었을까?

◌ 공부 시간에도
80 대 20의 법칙이 통한다

옛날 컴퓨터는 부팅 시간이 참 길었다. 일단 전원 버튼을 누른 다음 완전히 부팅될 때까지 멍하니 화면을 보거나 딴짓을 하며 기다려야 했다. 요즘 컴퓨터는 다르다. 전원 버튼을 누르면 바로바로 부팅이 된다.

대부분의 사람들은 어떤 일을 시작할 때 천천히 시동을 건다. 마치 옛날 컴퓨터가 부팅하듯이 말이다. 여러분은 공부를 시작할 때 어떤 모습인가? 의자에 앉고, 책상 위를 치우고, 마실 물을 가져오고, 문자 메시지를 확인하고, 문득 책장이 거슬려서 책들을 정리한다. 공부가 아닌 다른 행동들을 하며 꾸물꾸물하다가 겨우겨우 교재를 펼친다. 그러고도 바로 몰입이 되지 않아 한동안 딴생각을 한다.

우리 마음속에 스위치가 있다고 상상해 보자. 이 스위치는 어떤 행동을 시작하게 한다. 그 행동에 따라 스위치의 종류는 다양하다. 공부 스위치, 놀이 스위치, 휴식 스위치……. 무언가를 곧바로 시작하지 않고 꾸물꾸물하는 것은 스위치를 켤락 말락, 켤락 말락하는 셈이다.

그냥 과감하게 스위치를 확 켜라. 그리고 꺼야 할 때는 확실히 꺼라. 공부할 때는 바로 시험이 코앞인 것처럼 공부하고, 놀 때는 내일이면 세상이 멸망할 것처럼 놀고, 운동을 배울 때는 프로 선수가 될 것처럼 배우고, 휴식이 필요할 할 때는 멍 때리기 대회에 참여한 것처럼 푹 쉬는 것이다.

내가 마음속 스위치라고 표현했는데, 좀 더 일반적인 용어로 하자면 몰입이라고 할 수 있겠다. 심리학자 미하일 칙센트미하이에 따르면, 사람이 무언가에 몰입하면 단시간에 많은 양의 일을 처리할 수 있게 된다고 한다.

이해를 돕기 위해 경제 용어를 동원해 보겠다. 파레토의 법칙. 전체 결과의 80퍼센트가 전체 원인의 20퍼센트에서 일어난다는 것이다. 80 대 20 법칙이라고도 한다. 말로 하니까 좀 어려운 듯한데 사실 간단하다. 예를 들어 이런 것이다. 백화점 매출의 80퍼센트가 전체 고객의 20퍼센트에서 발생한다고 한다. 교통 위반의 80퍼센트가 전체 운전자의 20퍼센트에서 발생한다고 한다. 회사 성과의 80퍼센트가 전체 사원의 20퍼센트에서 발생한다고 한다.

공부도 비슷하다. 공부량의 80퍼센트를 공부 시간의 20퍼센트 안에 해낼 수 있다. 공부가 아닌 다른 활동을 할 때도 그렇다. 몰입을 한다면 말이다. 서울대 의대 능력자들의 비결. 그것은 몰입인 것이다.

나도 몰입의 힘을 느껴 본 적이 있다. 레지던트 3년 차 때, 미국

학회 참석까지 아직 한참 시간이 남아 있던 어느 날이었다. 아침에 출근하자마자 한 시간 뒤에 미국 학회에서 발표할 내용을 교수님 앞에서 시연해 보라는 지시를 받았다. 그것도 영어로 말이다. 평소 같으면 며칠 동안 준비해야 하는 것을 한 시간 만에 해야 하다니. 그런데 나는 정말로 한 시간 만에 발표 PPT를 만들고 영어 대본을 급조해 외웠고, 그 결과 몇 가지 지적은 받았지만 대체로 무난히 발표를 마칠 수 있었다. 그 짧은 시간 동안 엄청나게 몰입했기에 가능한 일이었다.

적게 공부해도 된다고 오해하실까 하는 노파심에 다시 한번 강조한다. 어떤 경우든, 내가 누누이 강조했듯 공부의 절대량은 채워야 한다. 서울대 능력자들도 예외 없이 공부의 절대량은 채웠다. 더구나 일단 공부의 절대량을 채워야 공부에 몰입하는 능력도 생기는 법이다.

싸이의 노래 〈강남스타일〉에 이런 가사가 있다.

나는 사나이
점잖아 보이지만 놀 땐 노는 사나이
때가 되면 완전 미쳐 버리는 사나이

나도 이 가사에 동감한다. 한 번뿐인 인생. 공부든 놀이든 대충 하며 보내기에는 시간이 너무 아깝지 않은가.

항상 너 자신이 되어라.
너 자신을 표현하라. 너 자신을 믿어라!

_이소룡 Bruce Lee, 배우

16 내가 얼마나 아는지
정확하게 아는 것, 메타인지

원하는 것이 무엇인지 정하고 그것을 가질 수 있다고 믿어라.
그럴 자격이 있다고 믿어라. 당신에게는 가능하다고 믿어라.

_론다 번 Rhonda Byrne, 오스트레일리아의 작가이자 TV 프로듀서

◯ 공부에도 '감'이 필요하다

공부를 하다 보면 머릿속에 이런 질문들이 떠오르기 마련이다.

'이 과목을 내가 충분히 이해하고 있는 걸까?'
'시험 당일까지 어느 부분을 어느 정도나 더 공부하면 될까?'
'이 정도 공부했으면 시험 점수가 얼마나 나올까?'

공부 잘하는 사람들은 이런 질문들이 떠올랐을 때 스스로 정확
한 판단을 내린다.

'수학에서 통계 부분을 더 확실히 이해해야 해.'

'영어 듣기가 좀 불안하니까 문제 풀이 양을 더 늘려야겠어.'

'90점은 넘길 수 있겠지만 아직 100점은 무리겠는걸. 더 공부해야 해.'

공부 잘하는 사람들은 자신이 지금까지 공부한 양이 어느 정도인지, 앞으로 얼마나 더 공부해야 시험에서 좋은 점수를 받을 수 있는지 잘 알고 있다. 그래서 시험을 치르기도 전에 자신의 점수가 대략 어느 정도일지 예상할 수 있다. 그 예상 점수가 자신이 목표한 점수에 미치지 않는다면 공부량을 늘리든 공부법을 바꾸든 해결책을 찾아낸다.

자신이 얼마나 아는지 정확하게 아는 것. 이를 심리학 용어로 '메타인지'라고 한다. 즉, 공부 잘하는 사람들은 메타인지가 높은 셈이다. '감'이 있다고도 표현할 수 있을 것이다.

반면, 공부를 잘하지 못하는 사람들은 똑같은 질문이 머릿속에 떠올랐을 때 어떤 판단을 내릴까?

'이 정도면 다 이해한 것 같긴 한데.'

'국어를 더 공부할까나. 내가 제일 좋아하는 과목이니까.'

'저번보다는 오르겠지 뭐.'

그 결과 기대에 못 미치는 점수를 받는다. 그러고는 이유를 모르겠다며 답답해한다. 그래도 이 정도면 양호한 것인지도 모른다. 공부하는 내내 이런 질문을 전혀 떠올리지 않는 사람도 많으니까 말이다. 메타인지가 낮은 사람은 공부의 절대량을 채우지 못하거나 엉뚱한 부분을 공부하거나 비효율적으로 공부하며, 자신의 점수가 어느 정도일지도 예상하지 못한다. '감'이 없는 것이다.

메타인지가 높으면 다양한 공부법이나 교재 중에서 자신에게 맞는 것을 딱 집어낸다. 이런 사람은 다른 사람의 공부법에 관심이 없다. 다른 사람이 세 가지 색깔로 필기를 한다고 삼색 볼펜을 사진 않는다. 친구가 스타강사의 강의를 들으러 다녀도 급한 과목이 아니면 신경 쓰지 않는다. 시험 준비를 할 때도 자신만의 계획과 방식이 있다.

내가 맨 처음 샀던 고등학교 수학 교재는 『실력 수학의 정석』이었다. 친구가 이미 한참 진도를 나간 상태여서 조바심이 났다. 하지만 풀다 보니 이 교재는 나와 잘 맞지 않았다. 나는 문제집에 직접 계산하면서 푸는 스타일이었기 때문이다. 여백이 많고 정석보다는 얇았던 『개념원리수학』이 내게는 더 잘 맞았다. 오답노트도 만드는 데 시간이 너무 많이 걸려서 포기했다. 나는 일단 끝까지 푼 문제집은 두 번 다시 펼쳐 보지 않았다. 나만의 단어장도 내 글씨를 보기 싫다는 이유로 만들지 않았다. 단권화나 정리 노트도 만들지 않았다. 메타인지가 높았기 때문에 나와 맞지 않는 공부법에 나를 맞추려 애쓰는 대신 내게 맞는 공부법에 집중할 수 있었던 것이다.

○ 외부의 기준에 나를 맞추기

어떻게 하면 메타인지를 높일 수 있을까? 사실 단순하다. 열심히 공부하면 된다. 나도 그랬다. 그저 열심히 공부하다 보니 자연스레 시행착오를 거치게 되었고 그 과정에서 메타인지가 높아졌다. 사실 그때는 메타인지를 높여야 한다는 생각도 안 했다. 메타인지라는 단어도 몰랐다. 졸업하고 한참 후에야 메타인지를 알고서 돌이켜 보니, 의식하지는 않았지만 그때 메타인지를 높이고 있었다는 것을 알 수 있었다.

독자분들이 너무 막연하다고 느끼실 수 있으니, 한 가지 방법을 알려 드리겠다. 바로 외부의 기준을 따르는 것이다. 외부의 기준이라 하면 다름 아닌 시험이다. 따지고 보면, 실제로 시험은 실력을 평가하는 역할을 해 준다. 메타인지가 높다는 것은 결국 자기 자신에 대한 판단 기준을 외부의 기준, 시험의 기준과 일치시킬 줄 안다는 것이기도 하다.

그렇다고 실제 시험을 그저 평가 도구로만 여긴다면 그것은 시험을 준비하는 자의 자세가 아닐 것이다. 대신, 기출문제를 구하거나 모의고사 문제집을 사서 실제 시험과 똑같은 시간 안에 풀어 보라. 그리고 문제를 풀기 전에 예상했던 점수와 문제를 풀고 난 후의 점수를 비교해 보라. 여러분의 예상이 어떤 부분에서 맞았고 어떤 부분에서 틀렸는지 알 수 있을 것이다. 이것을 반복하다 보면 나중에는 예상이 거의 들어맞게 된다. 메타인지가 높아진 것이다.

소크라테스는 이렇게 말했다. 너 자신을 알라.

철학적으로 파고 들어가면 뭔가 더 심오한 뜻이 있겠지만, 어쨌든 이 말은 공부와 관련해서도 새겨들어야 하는 말이다. 여러분 자신을 잘 파악해야 한다.

17 공부 잘하는 사람들의 커뮤니티를 찾아라

계획이 없는 목표는 단지 소원에 불과할 뿐이다.

_래리 엘더 Larry Elder, 미국 방송인

○ 공부 잘하는 친구들에게 둘러싸여 있다면……

누구나 어렸을 적에 어른들께 "공부 잘하는 애랑 친하게 지내라" 하는 말씀을 한 번쯤 들어 봤을 것이다. 친구가 열심히 공부하는 모습을 보고 자극받길 바라는 마음이셨을 것이라 생각한다. 더구나 공부 잘하는 친구와 어울리다 보면 공부에 도움이 되는 정보를 얻을 수도 있고, 모르는 부분을 물어볼 수도 있다.

그렇다면 공부 잘하는 사람이 하나둘도 아니고 여럿이 모여 있는 커뮤니티에 들어간다면 어떨까? 공부 잘하는 친구와 사귈 때의 장점을 더욱 크게 얻을 수 있을 것이다.

이미 공부 잘하는 사람 입장에서도 이런 커뮤니티는 도움이 된다. 커뮤니티 안의 다른 사람들보다 뒤처지지 않기 위해 더욱 열심히 공부하게 되기 때문이다. 다른 사람들과 비교해 보며 자신의 공부 방법을 점검해 볼 수도 있다.

그래서 나는 공부 잘하는 사람들의 커뮤니티에 들어갈 기회가 있으면 들어가라고 조언한다. 현재 성적이 높든 낮든 어중간하든 간에 말이다. 그 커뮤니티는 학원일 수도 있고 학교일 수도 있고 동아리일 수도 있고 스터디 그룹일 수도 있다. 이미 짜인 커뮤니티에 들어가기 힘들다면 도서관이나 독서실에 가면 된다.

온라인의 수험생 커뮤니티 사이트나 네이버·다음 카페, 네이버 밴드, 카카오톡 단체 채팅방 형태의 커뮤니티도 있다. 어떤 형태가 됐든 유용한 정보를 공유하고 선의의 경쟁자를 만날 수 있는 커뮤니티라면 한번 들어가 보자. 혹시 가입 자격이 안 된다면 그것 자체로 공부 동기가 될 것이다.

서울 의대에 합격해 보니 최상위권 수험생들을 위한 커뮤니티 사이트 〈오르비스 옵티무스〉에서 활동하던 사람이 여럿 있었다. 이 웹사이트를 제작한 이광복 씨도 내 동기이고 그와 함께 『서울대 의대 3인 합격수기』를 쓴 이호진 씨, 구태률 씨도 모두 내 동기다. 주변에 공부 잘하는 사람들의 커뮤니티가 없다면 이런 온라인 커뮤니티에서 동기 부여와 유용한 정보를 얻는 것도 좋다고 생각한다. 단, 인터넷에 시간을 너무 많이 빼앗기지 않을 절제력이 있어야겠다.

○ 나를 더 낫게 만들어 주는 자극

나 역시 공부 잘하는 사람들의 커뮤니티에 들어간 효과를 톡톡히 본 사람 중 한 명이다. 나는 고등학교 3년 내내 한 군데 학원을 꾸준히 다녔는데, 이 학원은 수업 자체보다도 공부 잘하는 학생들의 커뮤니티 역할을 해 준다는 점이 더욱 도움이 되었다. 이 학원에 들어갈 때만 해도 최상위권은 꿈도 못 꾸고 있던 나는 공부 잘하는 친구들에게 자극을 받은 덕에 최상위권으로 도약할 수 있었다.

원래 나는 중학교 3학년 말까지 동네에 있는 작은 보습학원에 다녔다. 그 학원은 중학생 전문 학원이다 보니 고등학교 진학을 앞둔 학생들을 어떻게 가르쳐야 하는지는 제대로 커리큘럼이 잡혀 있지 않았다. 그러다 3학년 겨울 방학 때 공부를 무척 잘하는 친구네 집에 놀러 가게 되었다. 친구의 책상에는 어느 대형 학원에서 받은 숙제 목록이 놓여 있었다. 『실력 수학의 정석』을 언제 어디까지 풀어야 한다는 내용이었는데 그 양이 엄청났다. 이제 고작 『기본 수학의 정석』을 보기 시작한 나는 충격을 받았다. 나 나름대로는 고등학교 대비 공부를 잘하고 있는 줄 알았는데 친구는 나보다 이미 저만치 앞서가고 있었던 것이다.

고등학교에 들어가서 첫 중간고사를 치렀다. 성적은 기대 이하였다. 답답한 마음에 나는 그 친구가 다니는 바로 그 학원에 등록했다. 내가 다니던 고등학교에서 중간고사 전교 1등을 차지한 아이도 그 학원을 다니고 있었다. 알고 보니 그 지역의 최상위권 학생들은 대개 그 학원에 모여 있었다. 배치고사 결과, 나는 위에서 세 번째 반에 배정되었다.

그러자 더 높은 반으로 올라가겠다는 목표를 세우고 치열하게 공부했다. 그 목표는 생각보다 빨리 이루어져서 몇 달 후, 한 단계 윗반에 올라갔다. 학원 내 학력 평가 시험과 1학년 1학기 기말고사에서 전교 1등을 한 덕분이었다. 한 단계 윗반에는 『실력 수학의 정석』을 풀던 그 친구가 있었다. 동경하던 그 친구와 같은 학원 같은 반에서 공부를 했던 고등학교 1학년 2학기는 여전히 즐거운 추억으로 남아 있다.

2학년이 된 다음에는 이과 최상위반으로 올라갔다. 내가 다니던 고등학교에서 나와 전교 1등을 다투던 아이, 근처 다른 고등학교들에서 최상위권에 드는 아이들이 대부분 모여 있었다. 그 친구들과 함께 공부한다는 것 자체가 내게는 엄청난 자극이 되었다. 학원 친구들이 남아서 공부하면 나도 같이 공부하고, 학원 친구들이 주말에 학원에 나오면 나도 따라 나왔다. 나중에는 학원 친구들이 공부하지 않을 때도 공부하려고 노력했다.

이런 자극을 나는 서울대 의대에 진학한 이후로도 계속 받아왔다. 영상의학과를 선택하고 레지던트 과정을 시작했을 때 나는 아무것도 모르는 상태였다. 교수님께서 논문을 쓰라고 하실까 봐 피해 다니기도 했다. 하지만 선배부터 동기까지 논문을 척척 써 내는 것을 보다 보니 나도 쓰지 않을 수가 없었다. 그렇게 해서 나는 레지던트 시절 논문을 일곱 편이나 발표했다. 미국에 가서 세계 각국의 의학자들 앞에서 내 논문을 발표하기도 했다.

기본적으로 공부는 혼자 하는 것임에 틀림없다. 하지만 자신의 공부 의지를 과대평가하지 말고 다른 사람들이 주는 자극을 과소평가하지 마시길 바란다. 맹모삼천지교. 맹자의 어머니가 괜히 세 번씩이나 이사를 했겠는가?

공부의 쓸모

4부

시험을 절대 망치지 않는
6가지 기술

18 문제를 풀어라,
풀고 또 풀어라

⋮

> 나 김구의 소원은 이것 하나밖에는 없다.
>
> _김구, 독립운동가

○ 문제를 많이 푸는 것은 좋지 않다?

공부에 대한 여러 조언 중에는 '무조건 문제를 많이 푸는 것은 좋지 않다'라는 것도 있다. 문제를 많이 풀면 해당 지식에 대한 깊은 이해 없이 찍기 실력만 늘게 된다는 것이다. 힘들여 문제를 많이 풀지 않아도 된다니 이 얼마나 솔깃한 말인가. 이런 주장을 하는 강사들은 문제를 적게 풀어도 성적이 오르는 무슨 특별한 비법이라도 있는 양 학생들을 끌어모은다.

물론 많은 문제를 푸는 것만이 능사는 아니다. 문제만 풀면 전체 내용을 유기적으로 연결해서 이해할 수 없기 때문이다. 문제 유형별 풀이 방법만 암기하면 새로운 유형의 문제나 난도 높은 문제 앞에서 쉽게 무너진다.

하지만 문제조차 풀지 않고 공부하는 것만큼 위험한 것도 없다. 물론 처음에는 교과서도 읽고 참고서도 읽고 수업도 들어야 한다. 기초가 튼튼하지 않은 상태에서 문제만 풀면 체계가 잡히지 않는 것이 당연하다. 그러다 일단 대충이라도 뼈대가 세워졌으면 문제풀이로 살을 붙여야 한다. 문제를 풀다 보면 자신이 공부한 내용에 대해 고민하게 되고 그러다 보면 그 내용이 더 오래 기억에 남는다. 암기과목도 문제를 풀면서 외우면 효과적이다.

교과서나 참고서를 계속 읽는다고 모든 내용이 똑같은 비중으로 머리에 입력되지는 않는다. 우리 뇌는 무의식적인 중요도를 판단해 기억할 것과 기억하지 않아야 할 것을 나눈다. 그러나 교과서에는 중요하지 않은 내용이 없고, 시험에 출제되지 않는 내용도 없다. 우리는 뇌가 마음대로 판단하도록 내버려 두지 말아야 한다. 그러기 위해서 중요한 역할을 하는 것이 문제 풀기다.

문제를 푸는 것은 곧 뇌에 저장된 기억을 인출하는 행위다. 그래서 문제를 풀 때는 텍스트를 읽거나 강의를 듣는 것보다 뇌를 더 많이 사용한다. 뇌 속에 있는 정보를 끄집어내는 자극을 반복하면 그 정보를 쉽게 끄집어낼 수 있도록 뇌 속의 신경망이 강화된다. 언제든 원하면 바로바로 그 정보를 끄집어낼 수 있는 상태가 된다.

출제자가 문제로 만들었다는 것은 해당 내용이 중요하다는 의미다. 문제집을 집필한 사람은 모두 오랫동안 교육계에 종사했던 분들임을 명심하자. 이상한 곳에서 문제가 나오는 일은 없다. 당신이 그 부분을 사소하다고 여겼을 뿐이다. 설령 정말 사소하더라도 중요하다고 믿어라. 뭐든지 중요하다고 생각해야 잘 외워진다.

공부는 자신이 모르는 부분을 채워 나가는 과정이라고도 할 수 있지 않겠는가. 그런데 책을 읽거나 강의만 들으면 자신이 무엇을 모르는지 정확히 모른다. 내용을 잘못 이해하고 있어도 알 길이 없다. 하지만 문제를 많이 풀면 자신의 약점을 찾을 수 있다. 문제를 푸는 것은 질문에 답을 하는 것인 셈이다. 비약하자면, 질문을 통해 상대가 자신의 무지를 깨닫게 하는 소크라테스식 대화법과도 비슷하다.

◉ 문제 풀기의 원칙

문제는 너무 쉬워도 안 되고 너무 어려워도 안 된다. 쉬운 문제만 풀면 어려운 문제를 풀 수 없다. 너무 어려운 문제를 풀면 오답이 많고 속도가 안 나서 지친다. 문제를 조금만 풀고 한 과목을 정복하려 하지 말고, 공부할 양을 크게 잡자. 최종 난이도는 기출문제 중 가장 어려웠던 문제보다 약간 어려운 수준이 좋다.

이전과는 다른 독특한 유형의 문제도 있다. 이런 문제는 기본 개념을 이해하는 것만으로는 부족하고 응용력이 필요하다. 도형의 넓이를 구하는 문제를 무한급수 문제로 바꾸고, 두 사람의 대화로부터 배경 사상을 읽어 내고, 도표를 보고 사실과 거짓을 분간할 수 있어야 한다. 시험 출제자는 자연수의 개념 하나만 가지고도 얼마든지 어려운 문제를 만들 수 있다. 하지만 다행히도, 아무리 뛰어난 출제자라도 완전히 새로운 유형의 문제를 만들어 내는 것은 어렵다. 대부분 어디서 보았을 법한 문제의 변형인 경우가 많다.

내가 고등학교 때 다녔던 학원의 수학 선생님은 고등학교 3학년 때 강의를 많이 하지 않으셨다. 대신 말도 안 되게 어마어마한 양의 문제풀이 숙제를 내주셨다. 문제집이나 모의고사에 나오는 문제들 중에서 난도가 제법 높은 문제를 하루에 100개 이상 풀어야 했다. 처음에는 이렇게까지 해야 하는가 싶었다. 하지만 풀어 본 문제가 많아질수록 어떤 문제를 봐도 낯설지 않았다. 나중에는 문제를 읽으면 머리보다 손이 먼저 나갔다.

문제를 풀 때는 모든 문제를 완벽하게 공부해야 한다. 객관식이라면 모든 보기의 참과 거짓을 확실하게 구분할 수 있어야 한다. 답은 찾았는데 나머지가 오답인 이유를 모르겠다면 해설이나 참고서를 찾아서 그 이유를 확실하게 알고 넘어가야 한다. 찍더라도 찍은 이유를 적어 두었다가 해답과 비교하는 습관을 들여야 한다.

뇌를 자극하려면 문제를 스스로 풀어야 한다. 틀린 문제는 정답을 알고 나서 한 번 더 도전해야 한다. 어려웠던 문제는 해설, 교과서, 참고서를 읽고 이해하려고 노력해야 한다. 그래도 안 되면 공부 잘하는 친구나 선생님에게 질문하라.

그렇다고 문제풀이 수업을 듣는 것은 추천하지 않는다. 문제를 스스로 푸는 것이 아니기 때문이다. 그래도 필요하다고 생각된다면, 미리 스스로 문제를 풀어 보고 필요한 부분만 온라인의 문제풀이 수업을 듣는 것도 한 방법이다.

고등학교 때 나는 서점에 널린 문제집을 보면서 여기 있는 문제집을 다 풀면 수능 만점을 받을 수 있겠다고 생각했다. 그 생각대로 서점 안의 문제집을 다 풀지는 못했지만 그래도 내 어깨 높이로 쌓일 만큼 많은 문제집을 고3 1년 동안 풀어냈다. 나는 여전히 이것이 진리라고 생각한다. 시험을 망치는 가장 큰 이유는 문제를 적게 풀어서다.

19 암기에도
기술이 필요하다

:

> 청년 시절에 갖가지 어리석은 행동을 경험하지 못한 사람은
> 중년이 되어 아무런 힘도 갖지 못할 것이다.
>
> _루쉰, 중국의 사상가

○ 암기도 훈련이다

"수헬리베붕탄질산……."

이게 뭔지 아시겠는가? 눈치채신 분들도 있을 것이다. 그렇다,
주기율표다. 수소, 헬륨, 리튬, 베릴륨, 붕소, 탄소, 산소…… 이렇게
이어지는 원소들의 맨 앞 글자만 딴 것이다. 주기율표를 처음 외운
것이 언제였는지 기억도 가물가물할 정도로 오래되었다. 그런데
도 나는 아직도 주기율표를 외우고 있다.

의대에 다니면서 계속 접했기 때문일까? 그렇지 않다. 특별히

중요한 내용이었기 때문일까? 중요하기야 중요한 내용이었지만, 주기율표 못지않게 중요했던 2차 방정식 근의 공식은 제대로 기억하지 못하고 있다.

그러고 보니 나는 고등학교 3학년 때 몇 반이었는지도 기억이 안 난다. 대학 다닐 때 수없이 답안지에 썼던 학번도 전혀 기억나지 않는다. 몇 년 전으로 거슬러 올라갈 것도 없이, 며칠 전에 먹었던 저녁 메뉴도 전혀 기억나지 않는다.

그런데 왜 나는 유독 주기율표는 고스란히 기억하고 있는 것일까? 주기율표를 특별한 암기법으로 외웠기 때문이다. 앞 글자만 따서 외우는 것. 아주 단순하고 흔하면서도 꽤 효과가 높은 암기법이다.

예전에 나는 암기란 선천적으로 타고나는 능력 중의 하나라고 생각했다. 그래서 나는 머리가 보통 수준이니 당연히 암기력도 보통 수준일 것이라고 생각했다. 그런데 정작 암기의 고수들은 암기는 선천적인 능력이 아니라 훈련에 의해서 갈고닦을 수 있는 기술이라고 이야기한다.

『1년 만에 기억력 천재가 된 남자』라는 책이 있다. 이 책의 저자 조슈어 포어는 프리랜서 저널리스트로 전미 메모리 챔피언십을 취재했다. 이 대회에 참가한 암기 고수들로부터 자신들은 특별히 머리가 좋지 않다는 말을 듣고, 그는 직접 암기를 훈련해 보기로 결심하게 된다. 그렇게 훈련에 매진한 결과, 그는 바로 다음 해에 열린 전미 메모리 챔피언십에서 우승을 차지했다. 고작 1년 훈련한 것만으로 한 시간 안에 1000개가 넘는 무작위 숫자를 외우고, 뒤섞인 카드 한 벌을 1분 안에 외우는 능력을 갖게 된 것이다. 이 책에서 그는 우리 뇌에서 기억이 작동하는 원리만 알고 훈련하면 누구든 암기의 천재가 될 수 있다고 말한다.

그렇다고 우리가 조슈어 포어처럼 대회에 나갈 정도로 훈련할 필요는 없다. 시험을 준비할 때는 몇 가지 암기법만 알아도 충분히 도움이 된다. 여기 여러분에게 굉장히 유용한 암기법들을 알려 드린다. 워낙 간단하고 기본적인 것들이라 여러분이 이미 실천하고 있는 암기법도 있을 것이다.

① 중요한 것이라고 의미를 부여하라

컴퓨터는 모든 정보를 다 고스란히 저장한다. 인간의 뇌는 다르다. 중요하다고 판단한 기억은 오래가고, 중요하지 않다고 판단한 기억은 빨리 지워진다.

그럼 모든 정보를 중요하다고 판단하면 되지 않겠는가? 그런데 여기서 중요하다고 판단하는 것은 '이것은 중요하다' 하고 이성적으로 생각하는 수준을 의미하지 않는다. 아주아주 강렬한 감정이 동반되어야 한다. 예를 들어, 어렸을 때 먹고 토했던 음식은 평생 기억에서 사라지지 않는다. 나는 초등학교 때 내 출석번호는 기억하지 못해도, 나를 괴롭혔던 반 친구 두 명의 이름은 지금도 정확하게 기억하고 있다. 고1 첫 번째 중간고사 성적표가 나왔을 때 내게 실망하던 친구의 이름도 기억하고 있다. 이 정도는 약과다. 전쟁같이 생명을 위협할 정도의 사건은 장면 하나하나가 머리에서 잊히지가 않는다고 한다. 뇌가 이 사건을 생명을 지키는 데 중요한 정보라고 판단해서 지우지 않는 것이다.

따라서 무언가를 암기하려고 할 때는 이것이 왜 중요한지, 얼마나 중요한지를 뇌가 알아먹게 해야 한다. 어떤 의대 교수님들은 모든 의대생들이 숙지해 두고 있어야 할 특히 중요한 내용에 대해서는 "이거 시험 문제로 출제할 거다"라고 대놓고 말씀하신다. 그러면 의대생들은 그 말씀에 바짝 긴장해서 그 내용을 달달 외우게 되고, 뇌도 덩달아 긴장해서 그 내용을 잘 저장해 두게 되는 것이다. 이런 식으로 선생님들이 따로 집어 주시지 않는 한, 여러분 스스로 뇌에 강조해야 한다.

내가 교과서를 읽을 때 모든 글자에 밑줄을 그으며 읽었던 이유는, 교과서의 모든 부분이 중요하다고 뇌에 인식시키고 싶었기 때문이다. 같은 내용을 두고 동그라미를 한 번 치는 것과 별표를 다섯 개 그리는 것은 뇌가 다르게 인식한다. 그래서 중요한 내용은 거듭 동그라미를 치고 별표에다 사각형까지 동원하는 것이다.

물론 나도 '교과서에는 안 중요한 문장이 없다. 다 중요하다', '이것들은 시험에 다 나온다. 반드시 나온다'라고 진심으로 믿는다. 나 스스로 그렇게 믿지 않으면 뇌는 가차 없이 외면해 버린다. 그리고 사실, 교과서의 모든 부분이 중요하다는 것은 단순히 나만의 믿음이 아니라 정말로 사실이기도 했다.

② 자주 *끄집어내라*

시험은 그 자체로 학생들이 공부한 내용을 오래 기억하도록 만들어 주는 효과가 있다. 이것을 시험 효과라고 한다. 단순히 공부만 계속하는 것보다 중간중간에 시험을 보는 것이 기억에 더 도움이 된다는 실험 결과도 있다. 이런 효과가 일어나는 것은 시험을 치르는 동안 공부한 내용을 머릿속에서 *끄집어내게* 되기 때문이다.

중국인과 일본인이 우리보다 한자를 많이 아는 비결도 별것 아니다. 평소에 자꾸 한자를 쓰는 것이 한자를 *끄집어내는* 효과가 있기 때문이다. 아무리 긴 계좌 번호라도 매일 입력하다 보면 저절로 외워지듯이, 네 자리 숫자밖에 안 되는 비밀번호도 오랫동안 안 쓰면 잊어버리기 마련이다.

나는 이 방법을 중학생 시절 한자 시험을 준비할 때 이용하곤 했다. 물론 학교에서 자기 혼자만 한자 시험을 자주 볼 수는 없다. 그래서 나는 자체적으로 시험을 계속 봤다. 한자 공책에 독음을 적어 두고, 한자를 정확하게 쓰는 것이었다. 획 하나라도 틀리면 그 시험은 망한 것으로 간주했다. 모든 한자를 단 한 개의 획도 틀리지 않고 완벽하게 쓸 수 있을 때까지 그렇게 계속 자체적으로 시험을 봤다.

꼭 시험이라는 형식에 의존하지 않아도 된다. 문제를 많이 풀어 보는 것도 일종의 시험이다. 앞에서 이미 강조했듯이, 문제를 많이 푸는 것 역시 공부한 내용을 끄집어내는 것이라서 암기에 도움이 된다.

③ 시간 간격을 두고 반복하라

이건 앞의 두 방법과도 연관된 암기법이다. 반복을 하면 기억이 더 오래간다.

처음 공부할 때는 아무리 집중해도 공부한 내용의 대부분이 단기 기억에 머문다. 장기 기억으로 넘어가는 양은 극히 일부에 지나지 않는다. 괜찮다. 그게 당연한 것이다. 대신 시간 간격을 두고 같은 내용을 다시 공부하라. 그러면 뇌는 그 내용을 중요한 것으로 판단해서 더 많은 양을 장기 기억에 저장한다. 반대로 짧은 시간 동안 몰아쳐 외웠다가 더 이상 반복하지 않으면 뇌는 그 내용이 중요하지 않은 것이라 판단해서 장기 기억으로 넘겼던 것마저 지워 버릴 수 있다.

단순히 암기 횟수를 늘리는 것이 핵심이 아니다. 오랜 기간에 걸쳐서 꾸준히 반복하는 것이 장기 기억을 만드는 핵심이다.

④ 이해를 하라

우리는 친구들과 대화하다가 무언가를 강조할 때 "모르면 외워. 일단 외워" 하고 말하기도 한다. 그런데 사실, 자신이 잘 모르는 것은 그만큼 기억에 오래 남지 않게 된다.

왜 무작위로 뽑은 숫자들은 외우기가 어려울까? 그 숫자들에 아무런 의미도 없어서 이해를 할 거리가 전혀 없기 때문이다. 이해가 안 되는 것을 외우려면 온갖 기술을 동원해야 한다. 하지만 이해가 되면 훨씬 쉽게 기억할 수 있다. 예를 들어, 어떤 공식이 어떻게 해서 도출되었는지 이해하면 그 공식은 쉽게 암기되는 것이다. 따라서 외우기 힘든 내용일수록 철저히 공부해서 이해해야 한다.

공부하는 양을 줄이려고 제대로 이해하지 않은 채 무작정 외우려는 것은 어리석은 일이다. 단기간에는 더 효과적일지 몰라도 장기적으로 보면 오히려 효율성이 확 떨어진다.

나는 수학 공식을 외울 때도 공식만 외우는 것이 아니라 공식을 유도하는 방법까지 통째로 외웠다. 공식의 원리 그 자체를 이해하기 위해서였다. 그렇게 하니까 당장은 시간이 걸려도 결국 그 공식이 오래오래 기억에 남았다.

⑤ 기존의 지식과 연결하라

우리 뇌 속에서 기억은 거미줄처럼 연결되어 있다. 그래서 새로운 내용이 이미 확실히 기억하고 있는 내용과 연관성이 클수록 쉽게 암기할 수 있다.

영어 단어를 가지고 예를 들어 보자. unhappy라는 단어를 외울 때 우리 뇌는 이것을 완전히 새로운 단어로 보지 않는다. 이미 잘 아는 단어 happy와 연결해서 받아들인다. "happy 앞에 un이 붙어 있네. un이 붙으면 반대의 뜻이 되는 거잖아. 그렇다면 happy가 '행복하다'를 뜻하니까 unhappy는 당연히 '불행하다'를 뜻하겠네." 이런 식으로 인식하게 되는 것이다. 이제 뇌는 unhappy도 happy만큼이나 확실히 기억하게 된다.

그런데 완전히 새로운 내용이라서 아무리 해도 기존의 기억과 연관성을 찾을 수 없다면 어떻게 해야 할까? 그렇다면 여러분이 연관성을 새로 만들어 내면 된다. '고집스럽다'를 뜻하는 stubborn이라는 단어를 외울 때는 고집스러운 친구를 떠올리면서 '내 친구 도윤이는 참 stubborn하지' 하고 생각하는 것이다. 이런 연관성은 여러분이 하기에 따라 얼마든지 만들어 낼 수 있다.

⑥ 체계를 세워서 덩어리 단위로 쪼개서 외워라

우리는 한 번에 여러 가지를 외울 수 없다. 윤리와 사상 교과서에 나오는 모든 철학자의 이름을 이름순으로 나열하라고 하면 막막할 것이다. 하지만 철학자를 동양 서양으로 나누고 다시 동양을 유교, 불교, 도교로 나눈 다음 각각에 해당하는 철학자를 외우면 암기할 내용은 조금 많아졌지만 외우기는 오히려 쉽다. 무엇을 외우든 목차 등을 이용해 내용을 쪼개서 공부하는 습관을 들이는 것이 좋다. 전화번호조차 8자리를 통째로 외우기보다 4자리로 끊어서 읽으면 더 잘 외워진다. 작은 단위를 여러 개 외우는 것이 큰 단위 하나를 외우는 것보다 쉽다.

⑦ 첫 글자들을 조합하라

모든 수험생들이 주기율표를 외우는 바로 그 방법이다. 많은 사람이 가장 애용하는 암기법이기도 하다.

나는 주기율표 외에 다른 내용들을 외울 때도 이 방법을 자주 사용했다. 그리고 의대를 다닐 때도 마찬가지였다. 예를 들어, 다리에 있는 근육 이름의 첫 글자만 모아서 스토리를 만드는 것이다.

이와 비슷한 방법으로, 첫 글자나 핵심 단어들을 모아서 노래를 만드는 것도 있다. 나는 이렇게까지 하지는 않았지만, 같은 원리이므로 효과도 같을 것이다.

이 방법을 좀 더 구체적으로 설명하자면 이렇다. 일단 핵심 단어들을 모아 첫 글자를 외운 다음에, 그 첫 글자에 해당하는 핵심 단어들을 외우고, 그리고 나서는 그 핵심 단어가 포함된 내용들을 외웠다. 그러면 그다음에는 첫 글자를 떠올리면 자동으로 그 핵심 단어가 떠오르고, 이어서 그 내용까지 줄줄 떠올랐다. 이런 순서라고 할 수 있다.

첫 글자 → 핵심 단어 → 문장 전체

우리 뇌는 약간의 단서만 있어도 전체를 기억해 내는 능력이 있다. 같은 답을 고르는 것이라도 객관식 문제가 주관식 문제보다 훨씬 쉬운 것은 객관식 문제의 보기들이 단서 역할을 하기 때문이다. 그러니까 이 암기법은 우리 스스로 객관식 문제의 보기들을 만들어 뇌에 제시해 주는 것이라 보면 된다.

⑧ 기억의 궁전을 그려라

암기법의 기본은 기억하기 어려운 내용을 기억하기 쉬운 내용으로 치환하는 것이다. 그래서 암기의 고수들은 상상력을 발휘해, 뇌리에서 떠나지 않을 기괴한 광경이 가득한 공간을 머릿속에 그린다고 한다. 예를 들어, 자신이 평소 좋아하던 연예인이 우스꽝스러운 옷을 입고 있는 모습을 상상하는 것이다. 그 연예인은 가까이 다가와 "너 이거 외우려고 했지? 자, 따라 해" 하면서 자신이 외우려고 했던 내용들을 줄줄 말한다. 이런 기괴한 광경이 무수히 펼쳐지는 머릿속의 공간을 '기억의 궁전'이라고 부른다.

내가 의대에 다닐 때 다리 근육들의 첫 글자만 모아서 스토리를 만들어 외웠다. 처음에는 이렇게까지 해야 하나 싶었지만, 막상 해 보니 도무지 안 외워지던 근육 이름이 술술 외워졌다. 다른 것을 외워야 할 때도 마찬가지로, 스토리가 막장으로 흐르면 흐를수록 암기가 더 잘되었다. 이것이 나에게는 일종의 기억의 궁전이었던 셈이다.

그래서 암기의 고수들은 암기에 가장 필요한 것은 바로 상상력이라고 한다. 이 방법을 잘 사용하면 암기도 마냥 괴로운 것이 아니라 조금은 즐거운 놀이가 될 수 있지 않을까?

훌륭한 실패는 보상하고
평범한 성공은 벌하라.

_톰 피터스 Tom Peters, 작가이자 컨설턴트

20 수면 시간은
꼭 챙겨라

○ 적절한 수면 시간은?

시험공부를 하다 보면 항상 아쉽게 느껴지는 것이 시간이다. 시험 날까지 시간이 얼마나 남았든 언제나 부족하게만 느껴진다. 하지만 고정된 시간을 늘리는 것은 불가능하다. 그렇다 보니 공부 시간을 확보하기 위해 흔히들 하는 것이 수면 시간을 줄이는 것이다. 하지만 하루 이틀이면 몰라도 장기적으로 잠을 적게 자는 것은 부작용이 클 수 있으니 조심해야 한다.

미네소타대학교의 카일라 왈스트롬 교수는 7000명이 넘는 고등학생의 성적과 수면 시간을 조사했는데, 그 결과가 흥미롭다. 평균 A학점을 받은 학생들은 평균 B학점을 받은 학생들보다 약 15분을 더 잤다. 평균 B학점을 받은 학생들은 평균 C학점을 받은 학생들보다 약 11분을 더 잤다. 평균 C학점을 받은 학생들은 평균 D학점을 받은 학생들보다 약 10분을 더 잤다. 실제로 미국 오하이오주의 어느 고등학교는 7시 30분이었던 등교 시간을 8시로 늦추었더니 학생들이 수업에 더 집중하게 되었고 학업 성취도도 눈에 띄게 향상되었다고 한다.

따라서 우리는 잠을 많이 잘수록 성적이 좋아진다는 결론에 도달해야 할까? 그렇다고 허구한 날 잠만 자는 사람이 가장 성적이 좋은가 하면 그건 또 아니다. 공부를 열심히 하면서도 적절한 수면 시간을 갖는 것이 중요하다는 의미다.

의학적으로 보면, 사람마다 적절한 수면 시간이 조금씩 다르다. 잠을 적게 자도 괜찮은 사람이 있는가 하면 남들보다 잠을 더 많은 사람도 있다. 그래도 대체로 청소년과 성인은 6~8시간 정도면 적절한 수면 시간이라고 할 수 있다.

나는 고등학교 1, 2학년 때 매일 새벽 2시에 잠들고 7시에 일어났다. 하루에 다섯 시간을 잔 셈이다. 그러고 나서 아침에 일어나면 비몽사몽이었다. 오전 수업 시간에는 잠이 완전히 깨지 않아 몽롱한 상태인 날이 많았다. 새벽에 피곤한 상태로 한 시간 더 공부해 봤자, 오전에 두세 시간을 날려 버리는 꼴이었다.

고등학교 3학년이 되면서 이래서는 안 되겠다 싶어 수면 습관을 바꾸었다. 잠자리에 드는 시간을 한 시간 앞당겨서, 새벽 1시에 잠들고 7시에 일어났다. 그 한 시간 차이가 정말 컸다. 오전에도 머리가 맑았다. 오후나 저녁에 피곤이 느껴지더라도 한 번씩 10~20분 정도만 엎드려 자고 나면 다시 쌩쌩해졌다.

더구나 학생이라면 가장 효과적으로 공부할 수 있는 시간은 밤이 아니라 낮이다. 왜냐면 학생은 의무적으로 학교 수업을 들어야 하기 때문이다. '나는 올빼미 체질이야' 하고 새벽까지 깨어 있는 것은 학교도 직장도 다니지 않는 프리랜서나 예술가들에게는 맞을 수 있어도 여러분에게는 맞지 않다. 효과적으로 공부할 수 있는 낮에 맑은 정신 상태로 깨어 있어야 하지 않겠는가. 그러니 낮에 지장을 주지 않을 만큼 충분히 자 두는 편이 좋다.

'수면량 보존의 법칙'이라는 말을 들어 봤는지 모르겠다. 우리 몸은 밤에 부족했던 잠을 수업 시간에 졸든 아예 낮잠을 자든 해서 반드시 보충하게 된다는 것이다. 그런데 이것이 딱딱 기계적으로 이루어지는 것은 아니다. 밤에 한 시간 덜 잤다고 낮잠을 딱 한 시간만 자면 되는 것이 아니라, 밤에 한 시간 덜 자면 한참 동안 집중이 안되고 졸음이 오고 피곤하다. 졸려서 깜빡 잠들었다가 한 시간은커녕 몇 시간을 내리 자 버릴 수도 있다. 그러고 나면 밤에 덜 자도 되느냐, 그게 또 아니다. 잠은 저장해 둘 수 있는 것이 아니라 일종의 습관이자 리듬이기 때문이다. 규칙적이어야 한다는 것이다.

등교 시간이 너무 일러서 잠이 모자랄 수밖에 없다고 투덜대는 독자분들이 있을지도 모르겠다. 나는 그것이 핑계라고 생각한다. 취침 시간은 스스로 알아서 정할 수 있지 않은가. 등교 시간이 이르다면 그 시간을 감안해서 취침 시간을 정하면 되고, 그만큼 일찍 자면 된다. 학원을 다니든 독서실을 다니든, 자신이 정한 취침 시간에 맞춰서 집에 오면 되는 것이다.

○ 잠을 자야 기억이 잘된다

수면은 기억력에도 커다란 영향을 미친다. 인간의 뇌는 잠을 자는 동안 새로 들어온 기억과 기존의 기억을 연결하고 다시 분석하기 때문이다. 그러니 새로 공부한 내용이 여러분의 머릿속에 장기기억 형태로 저장되려면 잠을 자야 한다.

뇌에서 장기기억을 담당하는 부위는 해마다. 잠을 제대로 못 자면 해마의 기능이 크게 떨어진다. 일본 도호쿠대 연구팀은 2008년부터 4년간 어린이 290명의 평일 수면 시간과 해마의 부피를 조사해 봤다. 그 결과, 평균 수면 시간이 열 시간 이상인 어린이가 평균 수면 시간이 일곱 시간인 어린이보다 해마 크기가 10퍼센트 더 큰 것으로 나타났다고 한다. 그러니 여러분이 매일매일 잠을 적게 잔다면 그만큼 공부의 효율성도 자꾸 떨어질 수밖에 없다.

그렇다면 밤을 새워서 공부하는 것은 무의미한 짓일까? 꼭 그렇지는 않다고 생각한다. 다음 날 봐야 할 시험 준비를 다 마치지 못했다면 밤을 새워서라도 공부해야 한다. 단기기억이 만들어지지 않았다면 장기기억이니 해마니 따지는 것 자체가 무의미한 일이지 않은가. 공부를 안 하는 것보다는 그래도 단기기억이라도 있는 편이 시험 문제를 하나라도 더 풀 수 있을 것이다.

물론 애초에 이런 상황을 만들지 않는 것이 더 낫다. 나는 수험생 시절에 밤을 새워 본 적이 없다. 밤을 새우지 않아도 시험 전날까지 시험 범위 내용을 다 마칠 수 있도록 공부했기 때문이다. 시험 범위 내용을 다 마쳤다면 군이 시험 전날 수면 시간을 줄이는 무리를 할 이유가 없다. 수면 시간을 줄이면 몇 시간은 더 공부할 수 있겠지만, 시험 보는 동안 최상의 컨디션 상태로 있을 수는 없게 된다. 다시 말하지만 같은 시험은 두 번 다시 돌아오지 않는다. 최상의 컨디션은 기본이다.

더구나 며칠 연속으로 이어지는 시험의 경우, 시험 첫날을 앞두고 잠을 줄이거나 아예 밤을 새우면 시험을 보는 동안 머리가 맑지 않거니와, 시험이 끝나고 한숨 자야 한다. 그러면 둘째 날 시험 준비에 차질이 생긴다. 그걸 보충하느라 또 잠을 줄이거나 아예 밤을 새우면 다음 날에도 같은 일이 반복된다. 악순환이다. 그러니까, 밤을 새워서 하는 공부가 의미 있는 것은 그나마도 단 하루에 끝나는 시험에 한해서인 셈이다.

밤을 새워 가며 열심히 공부하겠다는 식의 각오는 애초에 하지 말자. 시험 전날 밤을 새울까 고민하지 않아도 될 만큼 평소에 미리 공부하는 것이 수면 시간도 지키고 시험도 잘 보는 방법이다.

21 시험에도 리허설이 필요하다

스트라이크를 당할 때마다
나는 다음번 홈런에 더 가깝게 다가간다.

_베이브 루스 Babe Ruth, 미국의 인기 야구선수

○ 수능시험에 앞서 리허설을 가져라

내가 원하는 시간과 장소에서 시험을 치를 수 있다면 얼마나 좋겠는가. 하지만 현실은 결코 이를 허락하지 않는다. 수능만 해도 학교, 교실, 책상, 의자, 스피커, 화장실, 감독관, 시험응시자 등 온갖 낯선 변수에 둘러싸인 채 치러야 한다. 나 역시 처음 가 보는 고등학교에서 수능을 봤다. 교실에는 아는 사람이 한 명도 없었다. 책상도 의자도 불편했다. 화장실은 멀었다. 한파 속에서 교실 안이 춥지 않은 것이 그나마 다행이었다.

더구나 시험 결과가 마음에 들지 않아서 다음 시험에 도전하려

면 적어도 1년은 기다려야 하는 경우가 부지기수다. 그만큼 부담감이 크게 다가온다.

하지만 이런 점들을 극복하는 것 역시 시험의 일부다. 불편한 상황이라고 해서 제 능력을 발휘하지 못하는 사람을 누가 원하겠는가. 따라서 시험공부를 할 때는 이런 점들에 대비한 리허설이 필수다. 내가 수능을 치르던 당시 실천했던 리허설 방법을 참고해 여러분만의 리허설 방법을 마련해 보길 바란다.

① 나만의 시험 문제 풀이 패턴을 찾아라

실전에서 당황하지 않으려면 시험 문제를 푸는 과정이 습관으로 굳어져야 한다. 즉, 시험지를 푸는 순서, 모르는 문제가 나왔을 때 체크하는 방법, OMR 카드를 작성하고 확인하는 절차, 문항별 시간 배분, 검토 방식 등 모든 과정이 몸에 배어 있어야 하는 것이다. 그러자면 모의고사를 볼 때마다 똑같은 패턴으로 문제를 푸는 경험이 쌓여야 한다. 그래야 수능시험 당일에도 편안하게 실력을 발휘할 수 있다.

모의고사야말로 시험에 대비한 가장 중요한 리허설이라고 할 수 있다. 자신의 현재 실력을 점검하는 것 자체도 무척 중요하지만, 실력 발휘에 영향을 미칠 수 있는 여러 조건들을 미리 검토해 보는 과정도 빼먹지 말아야 한다.

② 시험 당일에 맞는 수면리듬을 만들어라

시험 당일 변수를 만들지 않으려면 그날을 '평소와 똑같은 날'로 만들어야 한다. 하루의 시작은 하루 전날 밤부터 시작된다. 잠을 잘 자야 하루를 잘 보낼 수 있다. 나는 시험 한 달 전부터 시험 당일 전날에 잘 시간에 자고 시험 당일에 일어날 시간에 일어났다.

시험 전날에는 아무래도 긴장할 수밖에 없다. 긴장하면 잠을 설치기 쉽다. 특히 잠을 설칠까 봐 걱정하면 더욱 잠이 안 온다. 그래서 '나는 이 시간이면 항상 잠들었다', '나는 이 시간에 자리에 누워서 잠을 설친 적이 없다'라는 확신이 필요하다.

사람을 포함한 모든 동물에게는 수면리듬이 있다. 쓰러질 정도로 피곤하지 않아도 잘 시간이 되면 졸리는 것은 수면리듬 때문이다. 반대로, 아무리 피곤해도 잘 시간이 아니면 잠이 안 오는 것 역시 수면리듬 때문이다. 외국에 갔다가 시차로 인해 고생해 본 경험이 있으면 이 말에 공감할 것이다.

수면리듬은 하루아침에 바뀌지 않는다. 최소한 한 달 전부터 수면리듬을 시험에 맞추는 것이 좋다. 시험 당일 쉬는 시간이나 점심시간에 엎드려 잘 계획이 아니라면 낮잠도 자지 않는 것이 좋다. 따라서 평소보다 최소 한 시간 정도는 더 자는 훈련을 해야 한다.

나는 수능을 앞두고 대략 10시경에 자서 6시에 일어나는 연습을 했다. 1교시 시험을 시작할 때 머리가 완전히 깨어 있으려면 첫 지문을 읽기 최소 두 시간 전에는 일어나 있어야 했다. 구체적인 시간은 각자 평소 언제쯤 머리가 잘 돌아가기 시작하는지 생각해 보고 판단하면 된다.

③ 시험 당일 먹을 도시락을 미리 정해라

소화기관은 심리의 영향을 크게 받는다. 위장관에는 복잡한 신경망이 분포하고 있어 제2의 뇌라고까지 말한다. 실제로 멀쩡한 음식을 먹어도 배탈이 날 것이라 걱정하면 배탈이 난다. 반대로 절대로 배탈이 나지 않을 것이라 믿으면 상한 음식도 소화시킨다.

나는 어렸을 때부터 배탈이 잦았다. 그래서 내 위장은 약한 편이라고 믿어왔다. 실제로 아침을 먹고 모의고사를 보면 1교시 문제를 푸는 도중에 배탈이 나는 경우가 많았다. 그렇다고 시험 당일에 아침을 굶은 상태로 시험을 보고 싶지는 않았다.

모의고사 보는 날 아침에는 자극적이지 않은 음식을 평소의 반만 먹고 등교했다. 최대한 마음을 편안하게 가지려고 노력했다. 소화가 잘되는 음식을 먹었으니 배탈이 나지 않을 거라고 생각하려고 노력했다. 평소에도 아침을 절대 거르지 않고 위장이 아침 식사에 익숙해지도록 만들었다. 그러자 모의고사 날에도 배탈이 나지 않기 시작했다. 점차 자신감이 붙기 시작하다가 나중에는 신경 쓰지 않게 되었다. 자연스러워진 것이다.

같은 이유로 시험 당일 점심에 먹을 도시락도 며칠 전부터 미리 먹어보는 것이 좋다. 식곤증이 생기지 않을 정도로 적당한 포만감을 주면서 맛있는 메뉴를 고민했다. 기름지지 않은 볶음밥에 자극적이지 않은 밑반찬을 곁들여 먹었던 것으로 기억한다. 익숙한 어머니의 맛 그대로였고, 시험 보는 내내 속이 편안했다.

④ 우황청심환 먹는 연습도 미리 해라

시험에서 너무 긴장해서 글씨를 쓰기 어려울 정도라면 약의 힘이라도 빌려야 한다. 논란은 있을 수 있으나 어쨌든 합법적으로 처방받았다면 비난할 일은 아니다.

우황청심환은 먹어 본 적이 없어서 모르겠으나, 베타차단제와 신경안정제는 처방받아 먹어 본 경험이 있다. 다만, 시험이 아니라 대학 동아리에서 했던 고전기타 연주회 직전이었다. 어쨌든 확실히 효과가 있었다. 마음은 떨리는데 손이 전혀 떨리지 않아서 연습했던 대로 잘 연주할 수 있었다. 내게 약을 처방해 준 의사 선생님 말에 따르면, 예술고등학교 학생이나 음대생이 많이 처방받는다고 한다. 시험 당일에 ADHD 치료제인 메칠페니데이트를 먹는 학생도 제법 있다고 들었다.

어떤 약이든 부작용은 감안해야 한다. 신경안정제의 효과가 과하면 멍하거나 졸릴 수도 있다. 베타차단제는 본래 혈압을 떨어뜨리는 약이기 때문에 효과가 과하면 저혈압에 의한 부작용이 생길 수도 있다.

그러니 약의 힘을 빌릴 예정이라면 모의고사를 볼 때 약을 먹어 보고 효과를 검증해 보길 바란다. 처방받을 때 의사와 충분히 상담하는 것도 잊지 말자.

22 시험지가 지저분해야
실수를 줄인다

⋮

세월을 헛되이 보내지 말라.
청춘은 다시 오지 않는다.

_안중근, 독립운동가

○ 실수도 실력이다

초등학교 2학년이던 어느 날, 산수 쪽지 시험에서 단순한 덧셈 실수로 한 문제를 틀렸다. 100점 만점에 95점이면 괜찮은 점수라고 생각하고 어머니께 시험지를 보여드렸다. 왜 틀렸냐는 어머니의 질문에 "덧셈하다가 실수했어요"라고 대수롭지 않게 대답했다. 그러자 어머니는 불같이 화를 내셨다. 문제를 틀렸다는 사실보다도, 실수를 별것 아닌 것으로 여기는 내 태도를 꾸짖으셨던 것이다.

우리는 시험 문제를 풀 때 다양한 실수를 한다. 계산을 잘못하는 실수, 틀린 보기를 골라야 하는데 맞는 보기를 고르는 실수, 시험지를 한 번에 두 장 넘기는 실수, 함정 보기의 말장난에 속는 실수 등 종류도 다양하다.

많은 사람이 실수로 틀린 문제는 다음번에 쉽게 맞힐 수 있을 것이라 생각한다. 그런데 그렇지 않다. 실수도 버릇이고 실력이다. 중요한 순간에 실수를 저지르지 않는 것은 시험을 볼 때뿐만이 아니라 사회생활을 하는 데에도 중요한 자질이다.

예를 들어, 당신이 사장이고 부하 직원에게 거래처에 대금을 납부하라고 지시한다고 해 보자. 부하 직원이 실수로 다른 계좌로 송금했거나 틀린 금액을 송금했다면 당신은 그저 인간적인 실수라고 웃어넘길 수 있겠는가? 간호사가 다른 환자에게 주사할 약을 당신에게 주사한다면 어떤가? 여객기 기장이 버튼을 잘못 누른다면? 축구 선수가 상대 팀에 패스를 한다면? 피아니스트가 연주하다가 악보를 헷갈린다면? 김연아 선수가 경기마다 한 번씩 넘어지는 실수를 했다면 피겨 여왕이라는 칭호를 손에 넣을 수 있었을까? 이 세상에 실수해도 괜찮은 일 따위는 없다.

차라리 몰라서 문제를 틀리는 편이 낫다. 그 원인을 알면 다음에는 맞힐 테니까. 하지만 실컷 공부해 놓고 실수로 틀리면 너무 아깝지 않은가? 실수할 가능성이 0%인 것과 0.1%인 것은 천지차이다. 비행기 기장이 0.1%로 치명적인 실수를 하면 비행기 1000대당 1대꼴로 추락하게 된다. 알면서도 자꾸 실수하는 사람은 어떻게 해야 할까?

사실, 실수를 안 하는 비결은 단순하다. 시험지를 처음부터 끝까지 정확하게 읽는 것이다. 그런데 글씨를 눈으로 좇아가는 것은 부정확하다. 마음이 급하면 자신도 모르게 몇 글자씩 건너뛰기도 하고 잘못 읽고는 제대로 읽었다고 착각하기도 한다.

그래서 나는 지문과 문제를 읽을 때 최대한 펜으로 표시하면서 읽는 방법을 추천한다. 이 방법의 핵심은 중요한 단어, 구절, 문장에 동그라미나 밑줄을 치는 것이다. 나의 경우, 문학 지문이 나오면 인물의 이름에 동그라미를 쳤다. 그리고 비문학 지문에서는 주제라고 생각되는 문장이나 문제에서 언급된 단어 등에 동그라미를 쳤다. 문제의 질문을 읽을 때도 중요한 부분에 표시를 해야 한다. 나는 '가장', '적절한', '옳은', '않은'과 같은 표현에는 항상 동그라미를 쳤다.

꼭 동그라미여야 한다는 것은 아니다. 디테일한 방법은 중요하지 않다. 자신만의 스타일을 찾아라. 다만, 시험지를 깨끗하게 쓰려는 고집은 반드시 버려라. 실제로 줄을 그으며 책을 읽는 방법은 초보 단계의 속독법이기도 하다. 펜은 눈동자가 글씨를 잘 따라가도록 도와주며 뇌가 해당 내용에 집중할 수 있도록 도와준다. 상당히 긴 지문이라도 밑줄을 치면서 읽어 보면 그냥 읽을 때보다 속도가 빠르고 내용이 머릿속에 잘 들어온다는 것을 느낄 수 있을 것이다.

영어 과목 시험에서 영어 지문을 읽을 때는 문장 구조가 눈에 들어오게끔 표시해 주는 것이 좋다. 쉬운 지문은 그냥 눈으로 읽어도 충분하지만 난도가 높은 지문은 주어와 동사를 구분할 수 있게 표시하면 큰 도움이 된다. 특히, 모르는 단어는 동그라미나 세모로 표시해 두고 '동그라미', '세모'라고 해석하면 나머지 부분을 해석할 때 덜 헷갈린다. 문제에서 뜻을 가르쳐 주는 단어가 있다면 지문을 읽을 때 뜻을 써 놓자.

영어 듣기 문제는 대본을 듣기 전에 문제를 꼼꼼히 읽는 것이 필수다. '~의 응답', '두 사람의 관계', '목적', '~에게 할 말' 등 정답과 관련된 핵심 단어에 표시를 해 두고 그 부분에 집중해서 대본을 들을 수 있도록 하자.

○ 시험지 여백도 최대한 활용하라

특히 수학 문제를 풀 때는 여백을 적극 활용하는 것이 큰 도움이 된다. 계산할 때는 글씨가 너무 작아도 안 되고 커도 안 된다. 여백에 풀이를 두세 번 쓸 수 있을 정도가 좋다. 또한 수학 문제를 검토할 때는 기존에 풀었던 풀이를 읽어 보는 데서 그치면 절대로 안 된다. 문제를 처음부터 다시 읽고 새로 식을 전개하면서 계산해야 이전의 잘못된 풀이를 잡아낼 수 있다.

고등학교 1학년 1학기 중간고사를 치른 다음이었다. 수학 시험을 채점하다가 오답을 발견했다. 내 눈을 믿을 수 없었다. 무려 세 번이나 검토했기 때문이다. 내가 시험지에 써 놓은 풀이를 읽어 봐도 틀린 점이 없었다. 그래서 나는 기존의 풀이가 안 보이는 여백에다가 차근차근 풀어 보았다. 그러고 나서야 나는 기존의 풀이에 오류가 있었음을 발견할 수 있었다. 그 후로는 앞에서 말한 대로 검토 방법을 바꿨고, 수능을 포함해 수학 시험에서 실수로 틀리는 일은 더 이상 일어나지 않았다.

실수는 실수가 발생할 수 있는 습관 때문에 생긴다. 지금까지 시험을 보면서 자신이 했던 실수를 돌아보자. 그리고 지금 시험 문제를 푸는 방식이 그 실수를 미연에 방지하고 있는지 점검하자.

삶의 본질은 부메랑이다. 우리의 생각과 행동과 말은
우리에게 돌아온다. 머지않아, 놀랍게도 정확히.

_플로렌스 스코블 쉰 Florence Scovel Shinn, 미국의 작가이자 예술가

23 어떤 경우에도
시험 시간을 사수하라

○ 시간 안에 다 푸는 것도 능력이다

'이상하네? 지금쯤이면 절반은 넘었어야 하는데?'

수능 시험을 치를 때였다. 1교시 국어 영역을 푸는데 이상하게 평소보다 속도가 안 났다. 모의고사에서는 최소한 15~20분 정도를 남기고 검토를 시작했는데 이대로 가면 OMR 카드에 마킹할 시간도 빠듯할 것 같았다. 옆 사람의 시험지 모서리에 쓰인 페이지를 힐끗 보니 나보다 두 페이지나 뒤처져 있었다. 저 정도면 아무리 나라도 시간 안에 다 풀 수 없었다. 나는 바로 상황을 파악했다.

'이번 수능 국어 영역은 유난히 어렵구나. 지문 두어 개 정도는 아예 읽지도 못하는 사람이 속출할 거야.'

심장이 요동치고 손이 떨렸다. 그때부터 다급하게 문제를 풀기 시작했다. 아무리 난해한 문제도 1분 이상 고민하지 않고 찍었다. 시험 종료 5분을 남겨두고 겨우 다 풀 수 있었다. 나는 바로 컴퓨터 사인펜으로 OMR 카드를 작성했다. 시간이 남으면 고민해 보려고 표시해 둔 문제가 많았지만 그냥 시험지에 표시된 답을 옮겨 적었다. 내 인생의 마지막 국어 영역 시험은 이렇게 검토 한 번 없이 끝났다.

하지만 결과는 성공적이었다. 실제로 그해 수능에서는 국어 영역 평균 점수가 낮은 편이었는데, 나는 112점(백분위 100.0, 변환표준점수 118.0점)으로 영역별등급 1등급을 기록했다.

시간만 충분하면 다 풀 수 있었다고 변명하는 것은 스스로 실력이 부족하다고 말하는 것이나 다름없다. 필기시험은 정해진 시간 안에 문제를 해결할 수 있는 능력을 평가하는 과정이다. 시험 시간은 출제자와 응시자 사이의 엄중한 약속이다. 모든 응시자가 가능한 한 공정하게 경쟁할 수 있도록 해 주는 장치이기도 하다. 시험 종료 종이 울렸는데 OMR 카드를 다 작성하지 못한 사람은 기본이 안 된 것이다.

당연히 시험 시간 안에는 풀었던 문제를 검토하고 OMR 카드를 작성하고 확인하는 시간도 포함되어 있다. 수학 영역이 30문항에 100분이면 한 문제당 3분 20초가 주어진 것일까? 아니다. 계산 검토나 OMR 카드 작성 및 확인에 40분이 걸린다고 하면 한 문제당 2분이다. 문제마다 난이도가 다르기 때문에 쉬운 문제는 1분 이내로 풀어야 한다는 계산이 나온다. 당신이 실전에서 많이 긴장하는 성격이라면 평소에는 이것보다 더 빨리 풀 수 있어야 할 것이다.

난이도와 상관없이 제시간에 풀기 위해서는 자신만의 데드라인이 있어야 한다. 시험의 종류에 맞게 검토 시간과 OMR 카드 작성 시간까지 고려해서 자신만의 시간 계획을 세워야 한다. 그리고 시험을 보는 중간에 끊임없이 시계를 보며 문제 푸는 속도를 체크해야 한다.

어떤 시험이든 당신은 그 시험지에 있는 문제를 모두 풀기 위해 많은 시간을 바쳤다. 시험 범위가 50쪽인데 40쪽만 공부하고 시험 보는 사람은 없다. 그런데 뒤의 10쪽에 해당하는 문제를 읽어 보지도 못하면 40쪽 공부한 사람이나 마찬가지다. 그러니 무조건 시험 시간 안에 마지막 문제까지 풀어라.

ㅇ 자신의 감을 믿어라

역시 수능 국어 영역을 풀 때의 일이다. 문제를 모두 풀고 난 다음 OMR 카드를 작성하기 전까지 내게는 5분 정도 검토할 시간이 남았다. 급하게 푸는 바람에 다시 고민해 보려고 했던 문제가 열 문제가 넘었다. 하지만 나는 문제를 다시 푸는 대신 바로 서둘러 OMR 카드를 작성하고 시험지를 덮어 버렸다. 그리고 시험 성적과는 무관한 가채점용 답안지를 수험표 뒷면에 작성했다. 처음에 쓴 답을 고치지 않기 위해서였다.

개인마다 차이가 있겠지만, 그동안 나는 답을 고쳤을 때 틀린 경우가 많았다. 심지어 고민했던 보기가 모두 정답이 아닌 경우도 있었다. 그래서 한번은 내신시험이든 모의고사든 답을 고쳤을 때와 그렇지 않았을 때 어느 쪽이 정답일 확률이 높은지 따져 보았다. 정확한 통계는 내지 않았지만, 내 경우 처음에 쓴 답이 정답인 경우가 압도적으로 많았다.

비과학적으로 들릴지 모르겠지만, '감'이라는 것은 실재한다. 감은 피드백을 통해 더욱 날카로워진다. 일류 요리사들이 간을 맞출 때 저울을 사용하지 않는 이유, 프로 골퍼들이 바람 부는 속도를 측정하지 않고도 정확한 스윙을 할 수 있는 이유는 훈련을 통해 감을 발달시켰기 때문이다. 문제의 답을 찾는 감도 문제 풀이 경험이 계속 누적되면서 발달한다.

나는 답을 고쳐야 하는 완벽한 이유가 있지 않은 이상 처음에 쓴 답을 고치지 않았다. 명백한 계산 실수가 있거나, 문제나 보기를 잘못 읽은 경우에나 답을 고쳤다. 처음에 쓴 답이 오답인 이유와 고친 답이 정답인 이유를 정확하게 설명할 수 없다면 이미 찍기의 영역에 들어선 것이다. 이때는 차라리 감을 믿어야 한다. 나는 내 감을 믿고 답을 수정하지 않은 덕분에 수능 국어 영역에서 높은 점수를 받을 수 있었다.

정리하자면, 어떤 시험이든 시간 안에 문제를 다 푸는 것은 기본 중 기본이므로 자신의 감을 믿고 일단 끝까지 풀어내자. 감을 무시한 어설픈 검토는 오히려 점수를 떨어뜨릴 수도 있다는 점을 명심해야 한다.

공부의 쓸모

5부

우리에게
공부가 갖는
의미

24 서울대 의대를 다니며
또다시 공부를 생각하다

> 당신이 항상 해오던 일을 하면,
> 당신은 항상 얻던 것만 얻게 될 것이다.
>
> _프랜시스 베이컨 Francis Bacon, 영국 철학자

○ 서울대 의대생들의 태세 전환

서울대 의예과에 입학해 보니 한 학년 인원이 약 100명 정도였다. 본과로 올라갈 때 편입생이 50명 정도 합류해 한 학년에 150명 정도가 되었다. 그 150명이 모두 공부에는 도가 튼 학생들이었다. 예과 동기들 중에는 나보다 수능 점수가 높은 학생도 많았다. 국제 올림피아드에서 메달을 수상한 학생도 여럿 있었다. 편입생 중에는 외국 명문대 MBA를 취득한 학생, 서울대 공대를 수석으로 졸업한 학생도 있었다.

의대 안에서 누군가 나를 수석이라고 알아봐 주면 처음에는 기

분이 좋았지만 차츰 부담스러워졌다. 수석 입학이 대학 성적을 보장해 주는 것은 아니지 않은가. 주변 동기생들을 둘러보니 까딱 잘못했다가는 꼴찌를 해도 이상할 것이 없겠다 싶었다. 자만했다가 이번에도 "에이, 용섭이 생각보다 별거 아니네" 하는 말을 들을까 봐 걱정이 되었다.

한편으로는 안심이 되기도 했다. 여기서는 중간 정도만 가도 엄청 잘 해내고 있다고 자부할 수 있을 테니까 말이다. 마음이 놓이는 점은 또 있었다. 그 누구도 의대 공부를 미리 선행학습 하지는 않았다는 사실이었다. 서울대 의대생 모두가 평등하게 출발선 앞에 선 셈이었다.

의대의 구조에 대해 이미 잘 아시는 분들도 있겠지만 그래도 약간 설명하자면, 의대는 2년의 예과와 4년의 본과로 나뉜다. 예과는 본과에 들어가기 전에 거치는 예비 과정으로, 이때는 기초 과목과 교양 과목만 들으면 된다. 예과 성적은 나중에 졸업할 때 반영되지도 않는다. 본과는 말 그대로 본격적으로 의학을 배우는 과정이다. 이때는 살인적인 공부량을 견뎌야 한다.

그러니까 의대생은 적어도 첫 2년은 큰 부담이 없는 것이다. 개중에는 예과 때도 학점 관리를 하는 학생이 간혹 있긴 했지만, 대부분은 그다지 치열하게 공부하지 않았다. 결석을 밥 먹듯이 하는 학생도 있었다. 나도 또다시 게임에 빠져들었다. 고3이 되기 이

전보다도 더욱 맹렬히 게임을 한 것 같다.

하지만 본과 1학년이 되자 동기들의 태도가 180도 달라졌다. 개강 첫날, 새벽 4시부터 강의실 앞자리를 맡으려는 행렬이 이어졌다. 의대 도서관은 새벽부터 자리를 맡아 놓지 않으면 앉을 자리가 하나도 없곤 했다. 예과 때 그렇게 신나게 놀던 친구들이 맞나 배신감이 들 정도였다. 역시 서울대 의대생들은 성적에 관해서만큼은 누구보다도 진지하고 태세 전환이 빠른 사람들인 것이다.

물론 나라고 예외가 될 수 없었다. 나 역시 180도 달라져서 다시 공부에 열중했다. 반드시 1등 자리를 유지하겠다기보다는 그저 "에이, 용섭이 생각보다 별거 아니네"라는 말만은 듣지 말자는 각오였다.

ⓞ 모든 시험의 비결은 결국 하나

의대 공부는 어렵기로 악명이 높다. 내가 경험해 보니 좀 더 정확하게 표현하면, 어렵다기보다는 양이 너무 많다. 복잡한 수식을 풀어야 하는 것도 아니고 난해한 주제에 대해 논해야 하는 것도 아니다. 과장 조금 보태서 그저 닥치고 무조건 외우면 된다. 의대 시험은 그저 외우면 맞히고 못 외우면 못 맞히는 문제가 대부분이다. 다만 그 양이 상상을 초월할 정도로 많아서 힘든 것이다.

고등학교 때는 교과서에서 시험 범위에 해당하는 부분만 열심히 읽으면 내신 시험에서 대부분 만점을 받을 수 있었다. 의대에서도 그렇게 의학 교재를 달달 외우면 당연히 만점을 받을 수 있을 것이다. 그런데 의학 교재는 목침처럼 두껍기도 하고 본문 양도 어마어마하게 많다. 시험 기간 안에 그 내용을 다 외운다는 것은 타고난 기억 천재 외에는 애초에 불가능한 일이다.

본과가 시작되고 한 학기가 지나기도 전에 나는 공부 방법을 바꿔야 한다는 것을 깨달았다. 교재를 완벽하게 외우는 것은 포기하고, 교수님이 수업에서 사용하시는 PPT 형태의 강의록과 내가 정리한 필기 노트, 그리고 소위 '족보'라 불리는 기출문제들을 가지고 공부했다. 이것만으로도 양이 너무 많았기 때문에 이 중에서도 우선순위를 잘 정해서 때로는 포기할 것은 과감히 포기해야 했다. 나만이 아니라 다른 의대 학생들도 대개 이런 식으로 공부했다.

물론 자세히 보면 학생마다 공부 스타일이 조금씩 다르긴 했다. 수업이 끝나면 수업 내용을 반드시 원서 교재로 읽어 보는 학생도 있고, 실습 시험을 준비하면서 실습은 안 하고 책만 파는 학생도 있었다. 시험 범위 내용을 외울 때도 몇 글자만 따서 노래나 이야기를 만들어서 외우는 학생도 있고, 연습장에 글씨를 쓰면서 외우는 학생도 있고, 입으로 중얼거리면서 외우는 학생도 있었다.

어떤 시험이든 시험을 잘 보는 가장 핵심적인 방법은 결국 하나다. 그 시험 문제가 어떻게 출제되는지 그 원리를 파악하고, 그 원리에 따라 열심히 공부하면 된다. 여기서 '열심히'의 기준은 물론 자신의 '양심'이다. 이 핵심적인 방법만 지킨다면 그 외에 구체적인 방법은 알아서 선택해도 괜찮다.

시험을 보면 금방 점수와 석차를 확인할 수 있는 중고등학교 때와 달리 의대에서는 졸업할 때까지 석차를 알기 힘들다. 서울대 의대에서는 본과 1학년 1학기 시험에서는 석차를 공개했지만 그것도 각자 자신의 석차만 알 수 있을 뿐이었다. 졸업할 때 최종 석차를 보니 나는 150명이 넘는 졸업생들 중 13등이었다. 모든 의대생이 학점에 큰 의미를 둔 것도 아니고, 실습점수, 운 등 여러 요소가 있기 때문에 13등이라고 13번째로 공부를 잘했다는 의미는 절대 아니다. 그래도 어쨌든 상위권으로 졸업한 셈이긴 하다. 그리고 그 석차가 내가 원했던 영상의학과에 지원할 때도 도움이 되었다.

꼭 강조하고 싶은 점은, 내가 서울대 의대 안에서 공부머리로 상위권이었던 것은 결코 아니라는 사실이다. 다만, 공부하는 시간과 양만큼은 상위권에 있었다고 확신한다.

나는 폭풍이 두렵지 않다.
나의 배로 항해하는 법을 배우고 있으니까.

_헬렌 켈러 Helen Keller, 미국의 작가이자 사회사업가

25 대학과 꿈을
혼동하지 마라

남을 이긴 자는 힘이 있으나,
나를 이긴 자는 강하다.
_노자, 고대 중국의 사상가이자 철학자

ㅇ 너무 늦게 시작했던 진로 고민

고등학교 3학년이 되면서 나는 한의대에 가야겠다고 마음먹었었다. 그렇게 결심하게 된 극적인 계기나 사연이랄 것도 없었다. 그저 한의사란 것이 참 좋은 직업 같아 보였다. 사람들을 도우면서 돈도 벌 수 있고 사회적으로 인정도 받을 수 있으니까 말이다. 솔직히 말씀드리면, MBC에서 방영한 드라마 〈허준〉에 나온 허준이 멋있어 보였다.

막연히 한의사가 되고 싶었을 뿐, 한의사가 된 내 모습을 구체적으로 그려 보지는 않았다. 그냥 한의사와 의사의 차이도 진지하

182

게 생각해 보지도 않았다. 심지어 당시 학교 근처에 대형 한방병원이 있었는데 그 병원을 가리키며 친구들에게 "나중에 나도 저 병원에서 일할 거다" 하고 말하기도 했다.

입시 원서도 경희대 한의예과와 서울대 의예과에 나란히 넣었다. 합격 통지는 경희대 한의예과에서 먼저 받았다. 이때만 해도 나는 이제 한의사의 길을 걷게 되는 줄 알았다. 그런데 얼마 안 있어 서울대 의예과에서도 합격 통지가 왔다. 그제야 나는 의대에 갈 것인가, 한의대에 갈 것인가를 고민하기 시작했다. 남들이 볼 때는 행복한 고민이라고 할 수도 있겠지만 정작 나는 머리가 복잡했다. 만 19년 인생에서 맞이한 인생 최대의 갈림길이자 위기였다.

그러다 우연히 경희대 한의예과에 재학 중인 형을 알게 되어 상담을 부탁했다. 그는 내게 한의학이라는 학문의 특성, 그리고 한의사라는 직업의 특성에 대해 설명해 주고 나의 질문에 솔직한 대답을 들려주었다. 들을수록 나와는 영 안 맞는다 싶었다. 일단 무지막지한 양의 한자를 외워야 하는 것부터 싫었다.

그렇게 해서 나는 서울대 의예과를 선택했다. 등록을 하고 나서야 과 수석 입학이라는 사실을 알게 되었다. 그 사실을 미리 알았더라면 주저 없이 서울대 의예과를 선택했을까? 글쎄, 잘 모르겠지만 그래도 어쨌든 많이 고민하긴 했을 것 같다. 그전까지 한 번도 진로에 대해 깊이 생각해 본 적이 없는 상태였으니까 말이다.

대학생이 된 후, 모교를 찾아가 후배들과의 만남을 가진 적이 있다. 한 학생이 화학과를 가고 싶다고 말했다. 나는 그 학생에게 물었다.

"왜 화학과에 가고 싶은 거야?"

"앞으로 나노테크놀로지가 뜰 것 같아서 그 분야를 공부하고 싶어요."

"그래? 나노테크놀로지가 뭔데?"

"어, 그게요…… 음……."

제대로 설명하지 못하는 그 학생을 보며 마치 예전의 나를 보는 듯했다. 시험을 위해 열심히 공부하는 것은 그 시험을 통해 더 나은 인생을 살기 위해서이건만, 나는 정작 인생의 방향에 대해 생각하고 고민하기를 소홀히 했다. 큰 실수였다.

여러분은 어떤가? 여러분이 희망하는 진로에 대해 그 이유를 명확히 설명할 수 있는가?

다행히도 의학은 내 적성에 맞았다. 진로에 대한 고민이 부족했던 것치고 정말 운이 좋았던 셈이다. 하지만 사람 일을 운에 기대해서는 안 되는 것이다. 여러분은 나와 같은 실수를 하지 말기를 바란다.

요즘 학교에서는 학생들의 진로탐색을 적극적으로 돕고 있다고 들었다. 숙제처럼 귀찮게 느껴질 수도 있겠지만, 나는 이런 과정이 공부만큼이나 중요한 부분이라고 생각한다. 꼭 중고등학생이 아니라도 어떤 시험을 위해 공부하는 사람이라면 그 시험 이후에 펼쳐질 진로에 대해 진지하게 생각하는 것은 필수다. 우리의 꿈은 시험 그 자체가 아니라 시험 이후의 삶에 있다. 시험공부를 할 때와 같은 마음으로 진지하게 진로를 고민해 보기를 권한다.

⊙ 스스로에게 건네야 할 질문들

인기 전공, 인기 직종이라는 것은 계속 바뀐다. 그만큼 우리 사회가 빠른 속도로 변하고 있고 혁신적인 기술이 자꾸 등장하기 때문이다.

2000년도에는 서울대학교 이과계열에서 의예과 다음으로 인기가 많았던 전공이 건축학과였다. 2017년도에는 그 자리를 화학생물공학부가 차지했다. 또한 지금이야 의대의 인기가 다른 학과들보다 독보적으로 높지만 1990년대 중반까지만 해도 의대는 그저 여러 인기 학과들 중의 하나일 뿐이었다고 한다.

의대는 그 특성상 또 한 번 전공을 선택하게 되는데, 지원자가 몰리는 과가 해마다 바뀐다. 내가 본과 1학년일 때는 안과가 인기였다. 라식·라섹 시장이 빠르게 성장하고 있었기 때문이다. 그런데 내가 졸업하기도 전에 라식·라섹 시장이 포화되기 시작했다는 말이 돌더니 안과의 인기가 뚝 떨어졌다. 성형외과의 인기도 예전만 못하다. 성형 관광을 오는 중국인들의 수가 급증한다는 뉴스가 나오던 것이 엊그제 같은데, 이제는 이름만 대면 다 알 만한 대형 성형외과에서 의사들 월급이 밀리는 경우도 있다는 소문이 들려온다. 요즘은 중국인이 찾아오지 않고 한국 성형외과 의사가 중국에 가서 직접 수술을 한다고 한다. 언젠가 중국 출신 성형외과 의사들이 그 자리를 차지하게 될지도 모른다.

의대 선배들 얘기를 들어 보니, 내가 몸담고 있는 영상의학과도 한때 인기가 추락한 적이 있다고 한다. 영상의학과의 주된 업무는 의료 영상 판독인데, 이에 대한 판독료가 없어지면서 레지던트 확보율이 95퍼센트에서 57퍼센트로 수직 하락했다. 교수님들의 만류를 뿌리치고 중간에 그만두는 레지던트들이 속출했다. 그러다 3년 후 판독료가 부활하고 나서야 상황이 나아질 수 있었다. 그런데 정작 내가 과를 지원하던 해에는 소위 '정재영'이라고 해서 정신건강의학과, 재활의학과, 영상의학과가 인기를 끌었다. 그런가 하면 이 글을 쓰는 시점에는 이비인후과가 인기라고 한다. 여러분이 이 책을 읽을 때면 다른 과가 그 자리를 차지하고 있을지도 모른다.

나는 지금 영상의학과 의사라는 내 직업에 무적 만족하고 있다. 과의 특성상 업무의 대부분이 컴퓨터로 영상을 분석하고 연구하는 것이라, 내 성격에 참 잘 맞는 직업이라고 생각한다. 같은 의사라도 외과나 내과 등 다른 과였다면 잘 적응하지 못했을 것 같다. 하지만 내가 만족하는 것과는 별개로, 이 직업이 미래에 어떤 위치에 있게 될지는 잘 모르겠다. 4차 산업혁명 때문이다. 이미 외국에서는 무료로 온라인 진찰을 받을 수 있는 사이트가 개발되었다.

실제로 내가 속한 영상의학과에서는 영상 판독을 할 수 있는 인공 지능을 개발하는 데 많은 관심을 갖고 있고, 나도 그 개발에 부분적으로 참여하기도 했다. 어쩌면 훗날 내 직업은 영상의학과 의사가 아니라 영상의학과 인공 지능 관리자가 될지도 모르겠다. 이런 흐름을 보며 나는 가끔 의대의 인기가 앞으로 얼마나 더 지속될까 궁금해진다.

그러니 점수에 맞춰서, 인기를 좇아서 전공이나 직업을 선택하는 것은 그다지 현명한 방법이 아니다. 진로를 정할 때는 그 무엇보다도 여러분 스스로에게 집중해야 한다. 스스로에게 자꾸 물어보아야 한다.

"내가 평소 좋아하고 싫어하는 건 뭐지?"

"내가 되고 싶은 것과 하고 싶은 것은 뭐지?"

"내가 닮고 싶은 사람은 누구지?"

"내가 부러워하는 삶은 어떤 삶이지?"

"평생 돈을 벌지 않아도 된다면 내가 하고 싶은 일은 무엇이지?"

나는 이런 질문들을 합격 통지를 받고서야 하기 시작했다. 대신 그 후로 언제나 이 질문들을 잊지 않으려 노력한다. 그러다 보니 이렇게 책도 쓰게 된 것이다. 여러분도 스스로에게 이 질문들을 던져 보라. 여러분의 대답은 무엇인가?

26 자신을 믿어라,
그리고 끝까지 해내라

⋮

> 내 앞에 길은 없다.
> 내 뒤에 길은 생긴다.
>
> _다카무라 코타로 Takamura Kotaro, 일본 조각가

○ 시험 이후에도 공부는 계속된다

서울대 의대에 입학하고 첫 학기를 마칠 무렵, 고등학교 때 다닌 학원에서 전화가 왔다. 학원에서 월간지를 발행하기로 했는데 창간호에 내 글을 싣고 싶다면서, 후배들에게 해 주고 싶은 이야기를 써 달라고 요청했다. 게다가 표지에도 내 사진을 넣고 싶다고 했다.

글을 쓰면서 나는 말 그대로 감개무량했다. 영원히 계속될 것처럼 느껴졌던 수험 생활이 끝난 지 벌써 반년이나 흐르다니. 매일 아침 비몽사몽 상태로 밥을 먹고, 매일 같은 교복을 입고, 매일 같

은 교실로 등교하던 일이 어느새 머릿속에서 흐릿해지고 있었다.

이 책을 쓰기 위해 오랜만에 그 학원 월간지 창간호를 꺼내 보았다. 표지에서 어색하게 웃고 있는 내 얼굴이 어느새 누렇게 변색되어 있었다. 하긴, 그사이 또 시간은 흘러 약 15년이 지났으니까 말이다. 예과 2년, 본과 4년, 인턴 1년, 레지던트 4년, 공중보건의 3년이 후다닥 지나갔다. 그중에서도 특히 힘들었던 본과 첫 학기, 인턴 첫 1년, 그리고 훈련소 4주도 어느새 먼 과거가 되었다.

지금 이 책을 읽는 여러분 중에도 시험이 끝날 날만 손꼽아 기다리며 한숨을 쉬고 있는 사람이 있을 것이다. 하루를 버티기도 힘든데 남은 기간 동안 어떻게 견딜 수 있을지 걱정도 될 것이다. 남들은 잘도 버티는데 혼자만 힘든 것 같아 불안하기도 할 것이다.

그런 여러분에게 좋은 소식과 나쁜 소식을 알려 드리겠다. 좋은 소식은, 언젠가 끝이 온다는 점이다. 시험 입시 일정이 바뀌는 일은 웬만해서는 없으니까 말이다.

나쁜 소식은, 여러분이 시험에서 원하는 결과를 얻는다 해도 공부는 계속된다는 것이다. 좋은 대학에 입학하든, 좋은 직장에 취직하든, 공무원 시험에 합격하든 그것으로 끝이 아니다. 일단 당장의 목표를 이룬 다음에도 공부를 멈추면 안 된다. 빠르게 변하는 세상에서 살아남기 위해서는 스펙에 안주하지 말고 계속 공부해 나가야 한다. 누가 가르쳐 주지 않아도 찾아서 공부해야 한다. 시간이 없어도 배움에 투자해야 한다.

요즘은 의사나 대기업 사원들 중에도 근무가 끝나면 대학원이나 외국어 학원은 물론 부동산이나 주식 강의를 들으러 다니는 사람도 참 많다. 창업 세미나에도 늘 사람이 북적거린다. 젊은 지식으로 무장한 후배, 오랜 경험과 권력으로 무장한 선배, 빠르고 정확한 일 처리가 장점인 인공지능과 겨루어야 하고, 화폐가치의 하락, 세금, 그리고 당신의 지갑을 노리는 마케팅과도 싸워야 한다. 자격증, 취업, 승진, 자기계발……. 어쩌면 우리 모두는 평생 공부해야 하는 운명인지도 모르겠다.

지금은 당장의 시험 준비만으로 벅찰지도 모른다. 일단 시험을 치르기로 마음먹었다면 시험에만 집중하자. 하지만 일단 입시가 끝난 다음에는 이 조언을 꼭 기억하시길 바란다. 스펙에 안주할 수 있는 시대는 지났다. 남들과 차별화된 경험을 쌓고 계속해서 공부해야 한다.

○ 하고자 하는 마음이 곧 재능이다

그래도 이것은 분명하다. 여러분이 지금 열심히 공부해 두면 나중에 하는 공부가 조금은 더 수월하게 느껴질 것이다. 내가 장담한다. 단순히 머릿속에 지식이 쌓이기 때문이 아니다. 공부한 내용의 상당 부분은 시험 이후에 잊어버리기 십상이다. 하지만 그 과정에서 쌓은 공부 자체에 대한 내공은 몸에 박혀 없어지지 않는다.

물론 지금 당장은 힘들 것이다. 이렇게 생각해 보자. 여러분이 지금 힘든 것은 여러분이 제대로 하고 있다는 증거라고 말이다. 아예 포기하면 힘들 리도 없지 않은가. 적어도 지금 여러분은 공부를 더 잘하고자 하는 간절한 마음을 가지고 있기 때문에 힘든 것이다.

미국의 심리학자 앤절라 더크워스는 『그릿』에서 이런 공식을 제시했다. 성공해 내는 사람들과 그렇지 않은 사람들을 오랜 기간 동안 비교 · 관찰한 결과 나온 공식이라고 한다.

기술 = 재능×노력
성취 = 기술×노력

이 두 공식을 합하면 다음과 같은 공식이 나온다.

성취 = 재능×노력^2

이 공식이 의미하는 바는, 성공하는 데는 타고난 재능도 중요하지만 후천적인 노력은 배로 중요하다는 것이다.

그런데 나는 더 발전하고자 하는 간절한 마음을 갖는 것 자체가 재능에 속한다고 생각한다. 아무리 해도 그런 마음 자체가 생기지 않는 사람이 의외로 수두룩하다. 여러분에게는 공부를 더 잘하고자 하는 간절한 마음이 있다. 그런 마음이 있으니 지금 힘든 것이다. 또한 그런 마음이 있으니 지금 이렇게 이 책을 읽고 있는 것이다. 즉, 여러분은 이미 공부에 대한 재능을 기본적으로 갖추고 있는 셈이다.

그렇다면 이제 노력을 하면 된다. 그 노력이 여러분에게 성취를 안겨 줄 것이다. 재능을 가진 자신을 믿고 열심히 노력해서, 여러분이 이루고자 하는 것을 꼭 성취해 내길 바란다.

· 부록 1 ·

수석의
내신 공부법

고등학교 1학년 1학기 중간고사 때, 나는 기술 과목에서 100점 만점에 70점대 점수를 받았다. 내용이 어려운 과목도 아니고 시험 범위가 많은 과목도 아니었다. 그런데 출제된 문제에는 제가 중요하지 않다고 생각한 내용을 물어보는 문제가 가득했고 주관식 문제는 시험 공부하면서 한 번도 본 적이 없는 내용이었다.

　　전 학기 전 과목 평균 90점 이상, 즉 '올 수'는 받아야 한다고 생각했기에 충격이 너무나 컸다. 수행평가에서 100점을 받아도 기말고사에서 100점을 받아야 학업성취도 평가에서 '수'를 받을 수 있었다. 나는 기술 교과서와 중간고사 시험지를 비교하면서 시험 문제가 어떻게 출제되는지를 분석했고 나의 내신시험 준비 방법이 잘못됐다는 것을 그때야 깨달았다.

○ 사소한 것들을 절대 사소하게 여기지 마라

　내신시험은 출제 범위가 비교적 명확하다. 교과서나 수업 부교재의 몇 페이지부터 몇 페이지까지 딱 떨어진다. 범위 밖에서는 문제가 출제되지 않지만 범위 안에서는 그 어떤 문제도 나올 수 있다. 내가 틀렸던 부분도 교과서에 나오는 그림에 있는 작은글씨, 한 단원이 시작할 때 짤막하게 나오는 서문에 나오는 내용이었다. 교과서를 읽어도 무의식적으로 사소하게 여기면 여러 번 읽어도 계속해서 대충 읽고 지나가게 된다. 시험 범위의 70~80%만 공부하는 셈이다.

　수업시간에 그냥 넘어갔다고 무조건 사소한 부분이라고 볼 수는 없다. 아무리 선생님이라도 매 수업 시간마다 완벽하게 똑같은 이야기를 하지는 않는다. 다른 모든 반에서는 살짝 언급했는데 어느 한 반에서는 제대로 언급하지 않았을 수도 있다. 선생님은 분명히 수업시간에 가르쳤는데 본인이 못 들었을 수도 있다.

　시시콜콜한 내용까지 공부하려고 하면 당연히 힘이 든다. 그렇기 때문에 여러분은 시시콜콜한 부분까지 공부해야 한다. 선생님이 중요하다고 강조한 부분은 누구나 공부한다. 그런데 선생님은 변별력 있는 시험 문제도 출제해야만 한다. 제한된 시험범위에서 변별력 있는 문제를 내려면 어렵게 출제하거나 꼼꼼하게 공부한 사람만 맞힐 수 있는 내용으로 문제를 만들어야 한다.

○ 교과서를 통째로 머리에 집어넣어라

　수학이나 물리학을 제외한 대부분 과목은 암기과목이다. 암기
과목을 공부할 때는 교과서가 가장 중요하다. 안 가르친 내용이라
도 교과서에 있으면 문제가 출제될 수 있다. 하지만 수업시간에 따
로 언급하지도 않았고 교과서에도 없는 내용은 문제로 낼 수 없다.
따라서 공부를 아주 잘 하는 학생이 아니라도 시험 보는 도중에
교과서만 펼쳐볼 수만 있다면 거의 대부분 100점을 받을 수 있다.
내신시험은 출제범위가 좁다. 과장을 조금 보태서, 선생님이 학생
들을 골탕 먹이려고 문제를 출제해도 전부 맞힐 수 있도록 준비하
면 된다.
　나는 내신시험을 준비할 때는 항상 샤프나 볼펜으로 교과서에
있는 모든 글자에 밑줄을 치면서 읽었다. 각 단원의 제목, 학습목
표부터 삽입된 그림에 들어간 설명까지 밑줄이 안 친 부분이 없는
지 확인했다. 읽으면서 중요하다고 생각되는 부분은 동그라미나
별표를 쳤다. 밑줄을 치면서 읽으면 놓치는 부분도 없고 집중도 잘
된다.

나는 교과서를 무조건 세 번 이상 읽었다. 반복할 때도 펜으로 밑줄과 동그라미를 치면서 읽었다. 교과서를 반복해서 읽을수록 동그라미나 별표를 쳐 놓은 부분이 늘어나 나중에는 교과서가 새까맣게 되었다. 내신시험에서 100점을 목표로 한다면 시험범위에서 안 중요한 부분은 없다고 생각하는 편이 좋다.

교과서 실린 지문으로 시험 문제를 내는 경우에는 영어나 제2외국어 지문도 외웠다. 특히 독일어는 3년 동안 딱 한 번 빼고 100점을 놓친 적이 없다. 교과서에 나오는 모든 지문을 통째로 외워버렸기 때문이다. 영어는 지문이 길어서 다 외울 수는 없었지만 마찬가지로 밑줄을 그으면서 전치사나 관계대명사 등 시험 문제 내기 좋은 부분에는 동그라미를 치면서 수차례 읽었다.

암기과목이 아니라도 교과서는 중요하다. 나는 수학 내신시험을 준비할 때마다 교과서에 나온 모든 문제를 두 번 이상 풀었다. 수업시간에 강조했거나 풀다가 틀렸던 경험이 있으면 더욱 꼼꼼하게 체크했다.

○ 객관식 공부와 주관식 공부는 다르다

시험 문제는 객관식과 주관식으로 나뉜다. 객관식은 내용을 정확히 몰라도 보기를 통해 답을 유추할 수 있지만 주관식은 모르면 끝이다. 그래서 공부할 때는 주관식으로 나올 만한 것들은 따로 표시를 하면서 외워야 한다.

주관식 문제 후보를 찾아내려면 기출문제를 봐야 한다. 같은 선생님이 출제한 시험 문제가 가장 좋다. 선생님이 바뀌었어도 지금 선생님이 기출문제를 참고해서 출제할 수 있기 때문에 봐야 한다. 기출문제를 전부 볼 시간이 없다면 최소한 주관식 문제만이라도 훑어봐야 한다. 똑같이 출제하지 않더라도 같은 내용을 객관식으로 출제할 수도 있기 때문이다. 최근에는 내신 기출문제를 구해 볼 수 있는 경로가 많아졌으니 비용을 써서라도 반드시 구해 보자.

암기 과목의 주관식 문제를 대비할 때는 예상 문제를 반드시 생각해 봐야 한다. 예를 들어, 주관식 문제의 답이 '근초고왕'이라면 문제에서 뭐라고 물어볼지 미리 상상해 보라는 뜻이다. 시험범위에 있는 모든 키워드에 대해서 주관식·서술형 문제를 예상해 보면 어떤 문제가 나와도 막힘없이 쓸 수 있다.

o 내신시험 공부는 2주면 충분하다

내신시험은 평소 학교에서 수업하는 내용에서 나온다. 따라서 평소 수업시간에 집중하고 복습을 해 놨다면 본격적인 내신시험 준비는 2주면 충분하다.

시험공부 계획은 시험 바로 전날 공부까지 합해서 과목마다 3~4회 반복해서 공부할 수 있게끔 세우면 된다. 그리고 한 과목을 며칠 동안 몰아서 공부할지 띄엄띄엄 배치해야 한다. 시험 시간표와 동일하게 공부하는 것도 좋은 방법이다. 나는 범위가 넓고 부담이 크게 느껴지는 과목부터 공부했다. 그래야 시험 준비에 대한 부담을 빨리 덜 수 있기 때문이다.

나는 시험 사흘 전에는 시험 마지막 날에 치는 과목을 공부했고 시험 이틀 전부터는 첫날에 나오는 과목을 위주로 공부했다. 내신시험은 여러 날에 걸쳐서 보기 때문에 첫날 시험을 잘 보는 것이 무엇보다 중요하기 때문이다.

○ 교무실을 방문해 보자

이것은 머리가 좋은 친구가 짧은 시간에 높은 점수를 받는 방법으로 내게 가르쳐 준 방법이다. 통하지 않는 경우도 많지만 알아둬서 손해 볼 방법은 아니기에 여기에 적어 본다.

반복해서 말하지만, 시험문제를 만드는 것은 쉬운 일이 아니다. 그렇기 때문에 출제자 입장에서는 기존에 있는 문제를 변형해서 내는 것이 편하다. 그러면 그런 식으로 출제되는 문제의 원본은 어디에 있을까?

내 친구 중 한 명은 학생 시절 교무실에 들를 때마다 각 선생님 자리에 놓여 있는 문제집 종류를 모두 외웠다고 한다. 그리고 똑같은 문제집을 산 다음 시험 보기 직전에 모조리 풀고 답을 외웠다고 한다. 이 방법만으로 100점을 받을 수 없지만 짧은 시간만 공부하고도 대부분 과목에서 90점대를 받을 수 있었다고 하니 교무실을 한번 방문해 보는 것도 팁이 될 수 있다.

○ 시험 직전에 공부할 부분을 미리 정해 둬라

시험 전날, 혹은 시험 시작종이 울리기 직전에는 마음이 급해진다. 충분히 공부한 내용도 다시 보면 낯설게 느껴지고 열심히 외운 내용도 잊어버린 것만 같은 느낌이 든다. 그래서 시험 시간이 다가올수록 대충 빠르게 내용을 훑어보게 된다. 이런 식으로 공부를 마무리하면 마지막에 대충 본 기억이 지금까지 공부한 내용을 다 뒤덮어 버린다.

내신공부를 해 보면 잘 안 외워지거나 헷갈리는 부분이 생긴다. 선생님이 중요하다고 언급한 도표나 출제 가능성이 높은 서술형의 모범답안, 예상 주관식 출제 목록이 그렇다. 이런 것은 모아서 정리를 해 둔 다음에 시험 직전에 보면 마음이 차분해진다. 자주 까먹던 내용도 시험보기 직전에 봐 두면 당연히 기억이 난다. 시험 시작 직전까지 외우다가 시험지를 받자마자 주관식이나 서술형부터 답을 적는 것도 좋은 전략이다.

· 부록 2 ·

교과서 외우기
공부법

1. 교과서여야만 하는 이유

모든 시험의 답은 이미 교과서 안에 있다

한번 상상해 보자. 만약 시험날, 여러분이 교과서를 펼쳐 놓은 채 시험을 치를 수 있다면 어떨까? 물론 교과서를 볼 시간도 충분히 주어지고 말이다.

과목에 따라 조금씩 다를 수는 있겠지만, 분명 많은 과목에서 고득점을 올리게 될 것이다. 암기 과목에서는 만점을 거뜬히 받을 수 있을 것이고, 원리 이해가 가장 중요한 수학 과목이라도 공식이나 문제 유형을 보고 큰 도움을 받을 수 있을 것이다.

고등학교 시절 내 공부법에서 핵심은 교과서 외우기였다. 이유는 간단했다. 결국 시험이란 교과서를 보지 않은 채 교과서 내용을 얼마나 기억하고 있는지 확인하는 과정이기 때문이다. 다시 말해, 시험 성적는 시험 시작종이 울리기 직전까지 교과서 내용을 얼마나 많이, 얼마나 정확하게 머릿속에 접어넣을 수 있는가에 달려 있다.

너무 버겁다는 생각이 드는가? 물론 쉬운 것은 아니다. 그렇다고 못 할 정도인 것도 아니다. 교과서 내용을 영원히 머릿속에 담아 두라는 것이 아니지 않은가. 시험을 볼 때까지만 담아 두라는 것이다. 올림픽을 준비하는 운동선수들은 그 찰나의 순간을 위해 어릴 때부터 긴 세월을 인내한다. 내신 시험 준비 기간은 길어야 2~3주뿐이다. 그러니 딱 그 정도 기간만 교과서 내용을 머릿속에 담아 두면 된다.

조선 시대 과거 시험을 준비하던 양반들처럼 모든 문장을 토씨 하나 안 틀리고 정확하게 머릿속에 담아 둘 필요는 없다. 교과서 외우기는 눈을 감고 교과서를 줄줄 써 내려 갈 정도로 외우는 것이 아니다. 그 정도면 일반적인 시험이라기보다도 순수한 암기력 테스트라고 불러야할 것이다. 교과서 외우기를 통해 머릿속에 담아 두는 것은 교과서의 '글자들'이 아니라 '내용들'이다. 좀 더 정확하게는, 시험 문제를 푸는 데 필요한 내용이다. 핵심적인 내용을 짚어서 그것 위주로 담아 두면 되는 셈이다. 내신 시험이라면 시험 범위에 해당하는 딱 그 부분만 담아 두면 되는 것이다.

시험에 따라서는 교과서가 아니라 필기 노트나 참고서를 외우는 편이 나을 수도 있다. 내게는 서울대 의대 시절에 본 시험이 그런 경우였다. 전공 교재는 너무 두껍고 내용이 많아서 시험 기간 동안 그것을 다 외운다는 것은 애초에 불가능한 일이었다. 서울대 의대에 다니는 누구도 전공 교재를 통째로 외우겠다는 무모한 도전은 하지 않았다.

하지만 적어도 고등학교 때만큼은 교과서를 완벽히 외워야 한다. 교과서보다 더 좋은 교재는 존재하지 않는다. 이것은 분명한 사실이다. 갈수록 내신의 비중이 커지고 있다. 내신은 당연히 교과서를 바탕으로 출제된다. 예전보다 비중이 줄어들었다고 하지만 수능도 무시할 수는 없다. 수능도 교과서가 바탕이긴 마찬가지다. 수능 출제위원들은 학생들이 교과서를 공부했다는 것을 전제로 문제를 출제한다. 고등학생 시절에 치르게 될 시험의 답은 모두 이미 교과서 안에 들어 있다.

○ 교과서는 모든 참고서와 문제집의 오리지널 버전

혹시 여러분은 교과서에 대해 시큰둥하게 생각하고 있지는 않은가? "교과서 굳이 봐야 되나? 참고서에 훨씬 보기 좋게 잘 정리

되어 있는걸." 하고 말이다.

맞다. 교과서는 참고서처럼 항목별로 깔끔하게 정리되어 있진 않다. 하지만 오히려 이것이 교과서의 특징이자 장점이다. 교과서는 서술형으로 친절하게 풀어서 설명해 준다. 그래서 언뜻 한눈에는 안 들어와도 찬찬히 읽으면 내용이 머리에 잘 들어온다. 그래서 처음 공부하는 부분일수록 먼저 교과서를 가지고 공부해야 한다. 교과서에는 길게 서술되어 있는 개념이 참고서에는 압축되어 있다. 이미 교과서를 읽은 상태에서 복습용으로 참고서를 활용하는 것은 좋지만, 처음부터 참고서만 보게 되면 분명히 놓치는 부분이나 이해 못 하는 부분이 생긴다.

교과서는 각 분야의 내로라하는 전문가들이 교육 과정을 충실하게 반영해 집필한 개념서다. 각 단원별로 학습 목표가 있으며 내용도 그에 딱 맞추어 전개된다. 교과서에는 부족한 내용도 불필요한 내용도 없다. 그래서 시중에 있는 모든 참고서와 문제집의 오리지널 버전이 바로 교과서인 셈이다.

또 한 번 상상해 보자. 여러분이 시험 도중에 단 한 가지 자료만 펼쳐 볼 수 있다면 참고서를 보겠는가, 노트 필기를 보겠는가, 교과서를 보겠는가? 나라면 주저 없이 교과서를 보겠다. 참고서나 노트 필기에 없는 내용은 혹시 나올 수 있어도 교과서에 없는 내용은 결코 시험에 나올 수 없기 때문이다.

지금부터 내가 실제로 실천했던 교과서 외우기 공부법을 설명해 드리겠다. 모두 네 단계로 구성되어 있다. 차근차근 따라 해 보면 어느새 교과서를 정복해 낸 자신을 발견하게 될 것이다. 나도 그렇게 해서 전교 1등을 할 수 있었고 서울대 의대에 수석으로 합격할 수 있었다.

교과서 외우기 공부법을 읽고 여러분 각자에게 맞게 조금씩 변형해도 좋다.

2. 0단계 : 수업에 충실하라

○ 맨땅에 헤딩 하지 마라

교과서 외우기 공부법은 모두 네 단계라고 해 놓고 왜 난데없이 0단계부터 시작하는 것인가 의아할 것이다. 교과서 외우기 공부법 1단계를 시작하기에 앞서 반드시 거치게 되는, 그리고 반드시 거쳐야만 하는 과정이 있기 때문이다. 바로 수업이다.

교과서를 혼자 읽기만 해도 좋은 점수를 받을 수 있다면 세상에는 수업도, 선생님도 필요 없을 것이다. 물론 현실은 그렇지 않다. 수업은 무척이나 중요하다. 무언가를 처음 배울 때는 같은 내용이라 해도 글로 읽는 것보다 다른 사람이 말로 해 주는 설명을 듣는 것이 더 이해하기 쉽다. 어릴 때 말귀가 먼저 트이고 그다음에 글귀가 트였던 것과 같은 이치다.

어떤 과목이든 처음 보는 내용을 공부할 때는 어렵게 느껴진다. 익숙하지 않은 내용이라 우리 뇌가 저항을 하는 것이다. 이미 배운 내용을 다시 보는 복습보다 새로운 내용을 처음 보는 예습이 어려운 것도 그 때문이다. 그래서 공부의 시작은 수업인 것이 좋다. 수업은 그 내용을 처음 공부하는 학생들에게 초점이 맞추어져 진행되니까 말이다.

물론 수업이 끝나면 배웠던 내용 중 상당 부분은 잊어버리게 될 것이다. 하지만 다시 공부하려고 교과서를 펼쳐 보면 기억들이 새록새록 떠오르기 마련이다. 수업 때 봤던 그림이 떠오른다. 수업 시간에 특정 부분을 강조하던 선생님의 목소리가 떠오른다. 반 친구가 선생님이 던진 질문에 대답하지 못해 혼나던 광경이 떠오른다. 자신이 일어서서 소리 내어 읽었던 내용이 떠오른다.

수업을 소홀히 한 사람은 비효율적인 공부를 할 수밖에 없다. 혼자서 참고서를 보거나 친구의 필기를 빌려 볼 수 있지만 생소한 느낌은 지우기는 힘들다. 맨땅에 헤딩 하는 것과 같다.

똑같이 잘 모르는 경우라도 익숙하게 느끼는 것과 낯설게 느끼는 것은 아주 다르다. 수업에서 집중했던 학생이 '복습'을 하는 동안 수업을 소홀히 했던 학생은 '예습'을 하게 되는 것이다. 그러니 수업 한 번으로 모든 게 이해되거나 외워지지 않는다고 해서 수업을 소홀히 해서는 안 된다. 그럴수록 더욱 수업에 집중해야 한다.

공부는 같은 내용을 반복하고 반복하는 것이다. 한 번 공부해서 완벽하게 이해하고 외우는 사람은 극소수 천재를 제외하고는 없다. 반복을 할 때 가장 큰 고비는 바로 처음 혼자서 공부할 때다. 교과서 외우기 공부법 1단계에 해당된다고 할 수 있다. 0단계인 수업은 바로 이 1단계를 도와주기 위해 존재한다.

○ 선생님은 시험 출제자

수업을 중요하게 만드는 또 하나의 요소, 바로 선생님이다. 이 사실을 항상 명심하길 바란다. 학교 선생님들은 모두 시험 출제자라는 사실 말이다. 수능 출제위원들이 하는 수업이 있다면 누구라도 만사 제치고 달려갈 것이다. 그런데 고등학생들은 내신 시험 출제위원들이 하는 수업을 매일 접하고 있는 셈이다. 내신 시험의 비중이 커지고 있는 현실을 감안하더라도, 학교 선생님들은 여러분에게 어마어마하게 중요한 분들인 것이다.

선생님들은 수업 중에는 무엇이 더 중요하고 무엇이 덜 중요한지 맥을 짚어가며 진도를 나간다. 교과서에 밑줄을 긋게 하기도 하고 필기를 하게 하기도 한다. 이것 모두 중요하다. 곧바로 시험 문제로 연결되는 경우가 많다.

학생들이 가끔가다, 또는 자주 졸면서 듣는 50분짜리 수업을 하기 위해 선생님들은 몇 시간을 연구하며 준비한다. 선생님들은 자신이 들어가는 모든 반에 같은 내용을 전달하고, 진도를 맞춘다. 같은 과목을 가르치는 다른 선생님과도 수업 내용을 맞춘다. 내신 시험 때는 학생들의 수준에 맞는 문제를 내기 위해 고민한다. 선생님들이 시험 문제를 낼 때 가장 피하고자 하는 상황이 무엇일까? 학생들이 교과서에 없는 내용이나 수업에서 다루지 않은 내용이 시험에 출제되었다고 항의하는 것이 아닐까? 그렇게 되면 선생님 입장도 난감할 수밖에 없다. 그만큼 선생님들은 자신의 수업 내용에 대해 책임을 지고 있는 것이다.

학생이라면 어차피 학교 수업을 의무적으로 들어야 한다. 그렇다면 기왕 하는 거, 그 시간을 최대한 활용해야 하지 않을까. 수업 시간에는 뭘 해도 수업을 듣는 것보다 효율이 나쁘다. 잠을 자려고 해도 선생님 눈치를 봐야 하고 책상에 불편한 자세로 엎드려 자야 한다. 다른 공부를 하려고 해도 마찬가지로 선생님 눈치를 봐야 하고, 공부하는 것과 다른 내용이 계속 귀에 들어오는 것을 억지로 외면해야 한다. 수업을 최대한 활용하는 방법은 수업 그 자체에 충실히 임하는 것밖에 없다. 그것이 교과서 외우기 공부법의 시작이어야 한다.

3. 1단계 : 모든 부분에 밑줄 치면서 1회독

○ 연한 샤프심으로 밑줄 긋기

이제 교과서 외우기 공부법을 본격적으로 시작할 차례다. 일단, 쥐기 편한 샤프 한 자루를 준비하고 옅은 색이 나오는 심을 가득 채우자. 교과서에 밑줄을 긋기 위한 용도다.

교과서 외우기 공부법은 자신에게 맞게 조금씩 변형해도 좋다고 이미 언급했다. 나는 샤프를 썼지만 여러분은 볼펜을 써도 좋고 형광펜을 써도 좋다. 취향에 맞는 필기도구를 고르도록 하자. 다만, 교과서 외우기 공부법에서는 교과서에 밑줄을 여러 번 긋게 되므로 맨 처음에 쓰는 필기도구는 가급적 너무 진하지 않은 것이 좋다. 그래서 나는 옅은 색의 심을 채운 샤프를 선택한 것이다.

시험 범위를 확인하고 교과서에서 시험 범위의 첫 페이지를 펼쳐라. 제목부터 가볍게 밑줄을 그으면서 읽기 시작한다. 읽다가 중요한 부분에 밑줄을 긋는 것이 아니라, 읽는 부분에 모두 밑줄을 긋는 것이다. 페이지 숫자만 빼고 모든 글자에 밑줄을 긋는 것이다. 교과서에 필기를 해 놓았다면 그곳에도 밑줄을 긋는다. 내용이 머리에 들어오는 속도로 샤프를 움직이면서 교과서를 읽어 나간다.

교과서에 나온 사진도 빼먹어서는 안 된다. 사진이 시험에 나오지 말라는 법은 없지 않은가. 사진에 달린 설명에도 밑줄을 그으면서 읽는다.

제목이나 수업 때 밑줄 쳤던 내용은 특히 중요한 부분이다. 교과서를 읽다가 이런 부분이 나오면 그 안에서도 핵심이 되는 단어에 가볍게 동그라미를 친다. 문맥상 중요하게 느껴지는 부분이나 수업 시간에 선생님이 강조했던 부분에도 동그라미를 친다. 조금이라도 중요해 보이면 무조건 동그라미를 치면 된다. 그렇다고 중요하지 않은 내용을 억지로 골라내려고 할 필요는 없다. 어차피 교과서 내용 중 안 중요한 것은 없으니까 말이다. 약간 더 중요한 내용이 있을 뿐이다.

동그라미는 많아도 상관없다. 때로 문장 전체에 동그라미를 쳐도 좋다. 동그라미를 치면서 그 부분을 2~3회 읽어서 머리에 각인시킨다.

이렇게 밑줄을 긋고 동그라미를 치면서 교과서를 읽다 보면 수업 시간에 선생님이 언급하지 않았거나 아예 건너뛴 페이지가 나올 수도 있다. 선생님이 그 부분에서 시험 문제가 나오지 않는다고 선언하지 않은 한, 여러분은 그 페이지도 그냥 넘어가면 안 된다. 시험 범위 안에 포함되어 있다는 것은 시험 문제로 출제될 가능성을 조금이라도 가지고 있다는 의미다. 밥 먹을 시간도 없는 상황이 아니라면 공부 범위를 줄이려고 노력하지 말자.

결과적으로, 밑줄이 그어지지 않은 부분은 하나도 없게 해야 한다. 그냥 눈으로만 읽으면 손도 편하고 어쩌면 속도도 더 빠를 것이다. 하지만 그렇게 하면 집중력을 일정하게 유지하는 것도 어렵고, 자신도 모르게 '이건 중요하지 않겠지' 생각하고 빠뜨리는 부분이 생긴다.

이렇게 교과서를 읽을 때는 가급적 중간에 휴식 시간을 갖지 말고 시험 범위의 모든 부분을 한 번에 죽 읽는다. 그래야 그 흐름과 핵심이 전체적으로 파악된다. 어차피 내신 시험에서는 시험 범위가 교과서 전체가 아닌 경우가 많고, 또 각 부분을 외우면서 읽는 게 아니라 죽 읽어 나가는 것이므로 굳이 중간에 쉬지 않더라도 시간이 많이 걸리지는 않을 것이다.

○ 노트 필기, 참고서, 문제집도 활용하라

샤프가 시험 범위의 마지막 문장의 마침표에 도달했다. 하지만 아직 1단계의 끝은 아니다. 곧바로 그 과목의 노트 필기를 펼친다. 노트 필기가 없다면 참고서나 문제집의 내용 정리 파트를 펼친다.

교과서 외우기 공부법이라고 해서 교과서만 본다고 생각했다면 그건 오해다. 교과서가 중심이 되어야 한다는 것이지, 교과서 외에 다른 것은 일절 불필요하다는 것은 아니다. 노트 필기나 참고서 · 문제집도 적절히 활용해야 공부의 효과가 커진다.

교과서를 읽으면서 했던 것과 같은 방법으로 노트 필기나 내용 정리 파트에 밑줄을 그으면서 읽어 간다. 읽으면서 어떤 내용이 중요한 내용인지, 그 내용이 교과서의 어디쯤에서 있었는지 떠올려 본다. 이 부분은 교과서를 읽을 때 보지 못했던 것 같다 싶은 부분이 있다면, 다시 교과서를 펼쳐서 해당 부분을 찾아본다. 내 경험상, 그런 경우라도 교과서를 펼쳐 보면 밑줄이 그어져 있었다.

이번 단계에서는 문제집의 문제들은 풀지 않는다. 지금은 공부할 내용 전체를 머리에 한 번 집어넣는 데 집중해야 한다. 처음에는 공부할 엄두가 안 났던 내용이나 분량이라도 이렇게 처음부터 끝까지 한 번 훑고 나면 마음이 조금 놓일 것이다. 일단 모든 부분을 읽었고, 그중에서도 중요한 부분은 노트 필기나 내용 정리 파트를 통해 한 번 더 읽은 셈이니까 말이다.

정리하자면, 교과서 외우기 공부법 1단계는 이렇다.

4. 2단계 : 또 모든 부분에 밑줄 치면서 1회독

○ 진한 샤프심으로 밑줄 긋기

2단계는 1단계를 마친 다음에 바로 해도 좋고, 하루 이틀 정도 다른 과목을 공부하고서 해도 좋다. 시험 보기 직전에 4단계까지 모두 마칠 수 있으면 된다.

이번에도 샤프를 준비하되, 1단계에서 사용한 것보다 진한 샤프심이 좋다. 1단계에서 그었던 밑줄과 구분하기 위해서다. 물론 이것 역시 여러분이 선호하는 대로 바꿔도 좋다. 밑줄을 그을 수만 있으면 된다. 단, 1단계에서 그었던 밑줄보다 더 진한 밑줄을 그을 수 있는 필기구여야 할 것이다. 그렇다고 너무 진하면 3단계, 4단계에서 밑줄을 그을 때 구분이 안 될 테니까 이 점도 고려해야 한다.

다시 교과서를 펼치고 시험 범위를 처음부터 읽기 시작한다. 1

단계 때 노트 필기나 참고서·문제집의 내용 정리 파트에서 본 핵심들을 떠올리면서 읽는다. 먼저 그었던 밑줄 위에 또 밑줄을 긋는다. 먼저 그렸던 동그라미 위에도 또 동그라미를 덧칠한다. 역시나 동그라미를 칠 때마다 그 단어나 문장을 여러 번 반복해서 읽는다.

분명히 중요한 내용인데 1단계 때는 동그라미를 치지 않은 부분이 보일 것이다. 전체적인 내용을 알고 난 상태에서 다시 읽으면 이전에는 미처 놓쳤던 부분이 눈에 들어오기 마련이다. 그 부분에 추가로 동그라미를 쳐 준다.

동그라미가 너무 많아지는 것 같아도 신경 쓰지 마라. 동그라미 중에서도 특별히 더 강조해 두고 싶은 것이 있다면 별표를 쳐도 좋다.

다시 강조하는데, 교과서를 눈으로만 읽어서는 안 된다. 1단계에서 밑줄 그었으니까 2단계에서는 그냥 읽기만 해도 되겠지 하고 생각하지 마라. 밑줄을 긋고 동그라미를 치면 머리에 훨씬 잘 저장된다. "이거 중요한 거니까 기억해!" 하고 자신의 뇌에 명령을 내리는 셈이기 때문이다.

● 문제 풀기 자체도 공부다

　교과서를 읽은 다음에는 드디어 문제를 풀 차례다. 기출문제가 있다면 반드시 기출문제부터 푼다. 문제를 풀다가 통 모르겠다 싶은 내용은 교과서를 펼쳐서 확인한다. 바로 직전에 교과서를 읽었기 때문에 여러분이 찾고자 하는 내용을 쉽게 찾을 수 있을 것이다. 그 부분에 동그라미가 쳐져 있지 않다면 동그라미가 쳐 둔다. 필요하다면, 여백에 메모를 해 두어도 좋다.

　기출문제를 모두 풀었다면 문제집으로 넘어간다. 물론 기출문제가 없다면 교과서 다음에 바로 문제집으로 넘어가면 된다. 반대로 문제집이 없다면 기출문제를 꼭 구해서 풀어야 한다.

　문제집의 내용 정리 파트를 밑줄을 그으며 읽는다. 기출문제에서 보았던 내용이 나오면 동그라미를 아낌없이 쳐 준다. 그러고서 문제를 푼다. 역시나 문제를 풀다가 잘 모르겠다 싶은 내용이 나오면 교과서에서 확인해 본다.

　문제를 풀어 보면 공부가 부족한 부분이 어디인지 알 수 있고 문제 출제자가 중요하게 여기는 부분이 어떤 것인지 알 수 있다. 그래서 문제는 충분히 많이 푸는 것이 좋다. 2단계 때 과목당 적어도 문제집 두세 권의 문제집을 풀고, 시간이 허락한다면 더 많이 푼다. 문제집을 구입하는 데 돈을 아끼지 말자. 두 번째 문제집부터는 내용 정리 파트를 읽지 않고 그냥 문제만 푼다. 계속 비슷한 문제가 나오더라도 시간 낭비라고 느낄 필요 없다. 교과서의 같은 부분을 반복하는 것이 공부이듯이, 비슷한 문제를 반복해서 푸는 것도 공부다.

물론 이제 교과서 외우기 공부법이 처음이라 딱 한 권만 풀었는데도 시간이 모자라다 싶으면 일단은 넘어가도 된다. 문제집 푸는 시간을 확보하겠다며 교과서를 소홀히 읽느니, 일단 교과서부터 충실히 읽는 편이 훨씬 낫다. 하지만 다음번에는 적어도 두세 권은 풀 수 있도록 노력하자.

정리하자면, 교과서 외우기 공부법 2단계는 이렇다.

5. 3단계 : 교과서가 새까매지도록 2회독 이상

○ 교과서 내용이 지긋지긋하게 느껴질 정도로

이제 3단계다. 이번에는 샤프가 아니다. 검은색 볼펜을 준비한다. 물론 여러분 마음대로 다른 필기구를 선택해도 좋지만, 내가 경험해 보니 가장 기본적인 모나미 검은색 볼펜이 가장 나았다. 잉

크 찌꺼기가 나오는 게 좀 문제이긴 하지만, 값도 싸고 굵기도 적당하고 필기감도 부드럽다.

3단계에서도 밑줄을 그으면서 교과서를 읽기 시작한다. 기출문제에서 보았던 내용, 문제집에서 보았던 내용이 어디에 있는지 꼼꼼하게 살펴보며 읽어 나간다.

밑줄 위에 새로 밑줄을 긋고 동그라미 위에 새로 동그라미를 친다. 중요한 부분인데도 미처 동그라미를 쳐 놓지 않은 부분이 있으면 동그라미를 추가로 친다. 1단계, 2단계를 거치며 동그라미를 꽤 많이 쳤지만 3단계에서도 생각보다 많은 동그라미를 추가로 치게 될 것이다. 동그라미가 쳐진 부분들은 여러분 자신, 학교 선생님, 문제집 집필자 중 적어도 한 사람이 중요하게 여긴 내용이 되는 셈이다. 이런 내용은 시험에 나올 가능성이 더욱 크다.

이쯤 되면 별표의 개수도 꽤 될 것이다. 별표 역시 아끼지 말고 쳐도 좋다. 나는 별표로도 모자라서 나중에는 사각형을 그리기도 했다. 중요한 것은 동그라미, 더 중요한 것은 별표, 더 더 중요한 것은 사각형. 이런 식이었다. 물론 이런 표시 방법도 여러분이 선호하는 대로 택하면 된다.

3단계에서는 교과서를 2회 이상 연속으로 읽는다. 최소 2회 연속으로 읽고, 시간이 허락한다면 3회, 4회, 5회 연속으로 읽으라는 의미다. 그렇게 하더라도 생각보다 시간이 많이 걸리지는 않을 것이다. 처음 읽을 때보다 읽는 속도가 한결 빨라져 있을 테니까 말이다.

읽을 때마다 어떤 내용이 몇 페이지 어디쯤에 있다는 것이 기억날 정도로 머릿속에 새겨 둔다. 이 부분과 관련해서는 어떤 문제가 나온 적이 있는지 생각나고, 다음 페이지에는 어떤 내용이 나오고 어떤 그림이 나올지 떠오를 정도가 되어야 한다. 낯선 내용이 하나도 없다고 확신이 들어야 한다. 주관식 문제까지는 장담할 수 없어도 객관식 문제라면 다 맞힐 수 있다는 자신감이 붙어야 한다. 교과서 내용이 지긋지긋하게 느껴질 정도여야 한다.

이렇게 3단계까지 하다 보면 책이 점점 지저분하게 변해 갈 것이다. 교과서가 지저분해지는 것을 참을 수 없다면 아예 교과서 외우기 공부법 전용으로 쓸 교과서를 한 권 더 구입하는 것도 방법이다. 나는 그다지 신경 쓰이지 않아서 교과서를 맘껏 지저분하게 만들었다. 교과서가 깨끗해서 뭐 하겠나? 깨끗하다고 누가 상 주는 것도 아니지 않은가.

정리하자면, 교과서 외우기 공부법 3단계는 이렇다.

6. 4단계 : 시험 직전 굳히기 작업 1회독

○ 주관식 문제까지 철저히 대비하는 법

4단계에서만큼은 교과서로 시작하지 않는다. 노트 필기와 기출 문제를 먼저 본다. 나는 노트에 따로 필기하기보다는 교과서 여백에 필기하곤 했지만, 여기서는 편의상 계속 노트 필기라고 부르겠다. 노트 필기 중에서 선생님이 특별히 강조한 것이 있을 것이다. 또 교과서에는 없는데 노트 필기에만 있는 것도 있을 것이다. 그런 부분들을 확인하는 정도로만 훑어본다. 기출문제는 이전에 틀렸거나 헷갈렸던 문제, 주관식 문제를 중심으로 훑어본다.

이 과정을 마쳤으면 다시 교과서다. 4단계에서는 어떤 필기구일까? 빨간색 볼펜이다. 내가 애용한 것은 빨간색 모나미 볼펜이었다. 여러분이 꼭 선호하는 필기구가 있다면 그것을 써도 좋지만 딱히 그런 것이 없다면 나처럼 '흐린 심 샤프 ? 진한 심 샤프 ? 검은색 모나미 볼펜 ? 빨간색 모나미 볼펜'의 순서대로 해 보길 권한다. 이 순서대로 점점 더 진해지기 때문에 교과서 외우기 공부법 1~4단계를 하기에 딱이다.

이제는 따로 말씀드리지 않아도 예상될 것이다. 맞다. 밑줄을 그으면서 교과서를 읽어 나간다. 단, 이번에는 주관식 문제로 출제

될 만한 내용이 무엇일까 생각하면서 읽어야 한다. 핵심이 되는 용어나 문장, 발음이 이상하거나 길이가 길어서 헷갈리는 이름, 특정한 사건이 일어난 연도 등이 그 대상이 된다.

이런 것들은 여러 번 읽는 것으로도 잘 외워지지 않는다. 잘 외웠다고 생각해도 시험지를 받고 나면 생각나지 않기 일쑤다. 완벽하게 외우겠다고 작정하고 덤벼들어야 한다. 그러기 위해서 따로 암기 노트를 만들어 적어 두자. 옮겨 적는 것이 번거로우면 교과서에 눈에 띄게 표시를 해 두거나 포스트잇을 붙여 놓아도 좋다. 어떤 방법이든 쉽게 볼 수 있기만 하면 된다. 이 내용을 집중적으로 공부해서 완벽하게 외운다. 교과서 외우기 공부법이라고 해서 교과서 문장을 모두 외울 필요는 없다고 말했지만 이 내용만큼은 반드시 외워야 한다.

이렇게 해서 교과서를 1회 읽는다. 암기해야 할 것들을 모두 암기해야 이 1회독을 마치는 것이다. 시험 직전의 굳히기 작업이라고 할 수 있다.

○ 시험 직전에 봐야 하는 것

그다음에는 풀지 않았던 문제집을 펴서 내용 정리 파트는 읽지 말고 문제만 풀어 본다. 문제집이 없는 과목이라면 가장 최근의 기출문제를 풀어 본다. 이 시점이 되어서는 잘 모르는 문제나 틀리는 문제가 거의 없어야 한다. 문제가 술술 풀리는 수준에 이르면 더 이상 문제를 풀지 않아도 된다.

이제 남은 것은 교과서를 반복해서 읽는 것이다. 시험 날까지 시간이 허락하는 한 계속 반복한다. 교과서는 샤프의 흔적은 거의 보이지도 않고 검은색 볼펜 자국과 빨간색 볼펜 자국으로 아주 지저분한 상태가 되어 있을 것이다. 교과서가 엉망진창이 되는 것에 비례해서 여러분의 머릿속에는 교과서 내용이 단단히 자리 잡게 된다. 지저분해진 교과서를 보면 자신감이 들 것이다.

시험 당일 시작종이 울리기 직전에 나는 주관식 문제로 나올 것 같아 따로 정리해 놓거나 교과서에 표시해 놓은 내용을 따로 챙겨 보았다. 노트 필기나 참고서 · 문제집의 내용 정리 파트는 일부러 보지 않았다. 너무 압축된 내용을 시험 직전에 읽으면 그동안 열심히 머릿속에 집어넣은 교과서 내용이 흐트러지는 것 같은 느낌이 들었기 때문이다. 시험 직전에는 교과서를 재빨리 훑어보는 것도 추천하고 싶지 않다. 마지막에 대충 본 기억만 흐릿하게 남아 오히려 답을 헷갈리게 만들 수 있다.

정리하자면, 교과서 외우기 공부법 4단계는 이렇다.

7. 당연한 것일수록 제대로 실천하라

○ 시험이 평가하고자 하는 것

교과서 외우기 공부법의 네 단계를 모두 설명 드렸다. 어떤가? 혹시 그다지 유별난 것은 없다는 생각이 들 것이다. 나는 교과서 외우기 공부법이 특별한 비결이라고 생각하지는 않는다. 가장 좋은 교재인 교과서를 우직하게 반복해서 보는 것, 그 이상도 그 이하도 아니다.

다만 나는 교과서 외우기 공부법이 교과서에 대한 그 반복 회수와 밀도를 최대한 높인 공부법이라 믿는다. 공부를 멈추면 머릿속에 들어있던 내용은 조금씩 머리 밖으로 빠져나간다. 그것을 막으려면 자꾸 반복하는 방법밖에 없다. 아무리 공부 양이 많아도 이와 같이 네 단계에 걸쳐 반복하면 우리가 싫어해도 뇌가 기억한다.

여러분은 교과서를 소홀히 여기고 있지 않은가? 교과서 한두 번 읽는 것으로 시험 준비를 다 했다고 착각하고 있지 않은가? 당연한 것일수록 정작 제대로 실천하고 있는 학생이 그리 많지 않다. 여러분은 어느 쪽인가?

어떤 학생은 이런 의문을 제기할 수도 있겠다. 그렇게 교과서 내용을 시험용으로 무작정 머릿속에 집어넣는 게 무슨 의미가 있느냐고 말이다. 분명히 말하지만, 아주 큰 의미가 있다. 시험을 잘 볼 수 있다는 것이다. 수험생에게 시험을 잘 보는 것보다 더 중요한 의미를 갖는 것이 뭐가 있겠는가.

그래도 의문이 풀리지 않는다면 이렇게 생각하자. 시험이 평가하고자 하는 것은 단순히 타고난 지능의 지수도 아니고 머릿속에 들어 있는 지식의 양도 아니다. 시험은 우리가 목표를 위해 얼마나 인내하고 노력할 수 있는가를 평가한다. 재미없고 하기 싫고 괴로운 것을 얼마나 참아낼 수 있는가, 게임이나 TV 같은 당장의 즐거움을 얼마나 멀리할 수 있는가, 엉덩이가 얼마나 무거울 수 있는가를 평가한다.

하나만 봐도 열을 안다는 말이 있다. 시험에 대해 최선을 다하는 학생은 사회에 나가 어떤 일을 맡든 최선을 다할 가능성이 높다. 세상에는 언제나 예외가 있기 마련이니, 모든 학생이 그렇지는 않더라도 그럴 가능성이 높다는 것은 부인할 수 없는 사실이다. 시험은 바로 그런 학생에게 높은 점수를 주고자 하는 것이다.

그래서 나는 거듭 강조하고 싶다. 교과서를 최대한 반복해서 보자. 그렇게 해서 교과서를 외우자. 그것이 여러분이 시험을 앞두고 해야 할 당연한 행동이자, 최선의 행동이다.

· 부록 3 ·

수석의
과목별 수능 공부법

국어 영역 공부법

　국어 영역은 내가 시험 볼 때만 해도 120점 만점으로 단일영역 중에는 가장 배점이 높았다. 공부하기 전보다 후에 오히려 점수가 떨어지는 기이한 현상을 체험하게 해 준 과목이다. 나로서는 덜 중요한 과목이었지만, 고등학교 3학년부터 작정하고 공부하기 시작해 10월쯤에나 110점 이하로 떨어지지 않는 수준에 도달할 수 있었다. 쉬운 사람에게는 쉽고 어려운 사람에게는 무척이나 어려운 국어 영역. 내가 공부하면서 깨달은 해법은 이렇다.

○ 전혀 주관적이지 않다는 것을 깨닫자

국어 영역은 한 마디로 얼마나 글이나 문장이 의미하는 바를 잘 이해하는지를 평가하는 과목이다. 내 경우, 국어 영역 문제를 풀다 보면 보기 2~3개를 남겨두고 헷갈리는 경우가 많다. 이렇게 해도 말이 되고 저렇게 해도 말이 되는 것 같기 때문이다. 해설을 읽어 봐도 납득이 안 되는 경우도 있다. 한때, 국어 영역 문제는 주관적이기 때문에 100%가 아니라 80% 정도 옳은 것이 정답이라는 조언을 따르기도 했다.

그러나 출제자의 입장에서 문제를 바라볼 때는 '전혀' 주관적이지 않다. 문제집이나 모의고사에는 가끔 논란의 여지가 있는 문제가 들어 있기도 하지만, 기출문제를 포함한 대부분의 국어 영역 문제들은 완벽하게 '객관적'이다. 이 말에 발끈하는 독자들이 있을지도 모르겠다. 하지만 출제자의 입장에서는 그렇다는 것을 일단 확실히 알고 문제를 풀어야 한다. 즉, 답이 헷갈리면 '나만 헷갈리는 것이다'라고 생각해야 한다.

국어 영역 문제를 만든 사람들은 문제의 보기를 만들면서 오답인 근거와 정답인 근거를 확실하게 준비해 놓는다. 그 근거는 지문, 문제, 보기라는 삼박자의 조화 속에서 모두 찾을 수 있다. 국어 영역 문제의 답을 고를 때는 어느 누가 물어 봐도 그 보기가 정답이라고 '근거'를 제시하면서 설명할 수 있어야 한다.

국어 영역은 대학수학능력시험 즉, '대학에서 수학할 수 있는 능력'을 평가하는데 가장 어울리는 과목이다. 학문을 배울 때는 자신의 주관을 배제하고 지문에 있는 내용을 객관적으로 해석하는 능력이 필요하다. 답이 헷갈린다는 것은 지문, 문제, 보기 중 하나 이상을 제대로 이해하지 못해서 자신의 주관이 끼어들었다는 의미다.

문학은 교과서적인 작품 해석을 외우는 분야이기 때문에 더욱 객관적이다. 학교나 학원에서 문학작품을 배우면 그냥 그런가 보다 하고 받아들여라. 만약 모르는 작품이 시험에 나왔다면 전국에 모든 학생이 동의할만한 답이 무엇일지 고민하라. 절대로 나 혼자만 정답이고 다른 사람이 오답인 상황은 생기지 않는다.

○ 문제집만으로는 결코 만점을 받을 수 없다

국어 영역 성적은 단순히 공부한 양에 비례하지 않는다. 물론 독서량, 읽어 본 지문의 수, 알고 있는 문학작품의 수, 풀어 본 문제의 양 모두 중요하다. 하지만 개인적인 경험으로는, 국어 영역 실력은 '깨달음'의 정도에 비례하는 것 같다. '상식적'으로 '논리적'

으로 생각한다는 것이 무엇인가에 대한 깨달음이다.

앞에서 말했듯 국어 영역 문제는 객관적이다. 하지만 토론수업 한 번 제대로 안 해본 고등학생이 이것을 깨우치기는 쉽지 않다. '상식적'인 논리를 펼치는 것이 아니라 자기 멋대로 지문과 문제와 보기를 해석하고 끼워 맞추는 경향이 있다. 국어 영역 성적을 올리려면 '자기만의 생각'을 극복하는 과정이 꼭 필요하다.

나는 고등학교 3학년 초반부터 여름방학이 끝날 때까지 국어 영역 성적이 오르지 않았다. 오히려 초반보다 곤두박질치기도 했다. 단과 수업도 들었고 인터넷강의도 들었다. 하지만 내게 가장 도움이 된 것은 국어 선생님에게 납득이 안 되는 문제에 대해서 질문하는 시간이었다.

나는 국어 문제집 해설을 읽어봐도 납득이 안 되는 문제는 모조리 표시를 해뒀다가 학원 선생님께 질문을 드렸다. 복수 정답이 가능할 것 같은 문제가 있어도 질문했다. 가끔 잘못 만든 문제가 발견되기도 했지만, 내 생각만 잘못된 경우가 대부분이었다. 이런 시행착오가 누적되자 어느 순간부터 고득점이 유지되기 시작했다. 2학기 모의고사 국어 영역에서 120점 만점을 받기도 했다. 실제 2003년도 수능시험 국어 영역에서 원점수는 112점(변환표준점수 118.0, 백분위 100.0, 1등급)이었다.

국어 영역을 공부할 때는 자기만의 사고방식을 다른 관점에서 바라봐 줄 수 있는 선생님이 필요하다. 스타강사일 필요는 없다. 학교나 학원에서 국어를 가르치는 선생님만 해도 충분하고 국어 영역에서 고득점을 받았던 대학생만 해도 충분히 도움이 되리라 생각한다.

⊙ 기출문제는 반드시 만점을 받을 수 있어야 한다

기출문제가 중요하지 않은 영역은 없다. 하지만 하나를 꼽는다면 단연 국어 영역이다. 기출문제는 당신이 풀어볼 수 있는 국어 영역 문제 중 가장 공들여 만든 문제다. 기출문제를 푸는 논리와 상식적인 사고방식을 철저하게 익혀야 한다. 기출문제를 풀었을 때 단 한 문제도 틀리지 않을 수준까지 끌어 올려야 한다.

기출문제를 너무 자주 풀면 답을 외워 버리기 때문에 효과가 떨어진다. 문제와 답이 까먹을 만큼 간격을 두고 풀어 보는 것이 좋다. 특히 최근에 질이 떨어지는 모의고사를 보고 자신감이 떨어졌을 때 풀어 보는 것을 추천한다. 문제와 답이 기억나지 않는다고 해도 올바른 '사고방식'을 깨우쳤다면 한 문제도 틀리지 않을 수 있다. 만약 또 틀린다면 아직 공부가 더 필요하다는 신호로 받아들이면 된다.

매번 문제 전체를 풀어 볼 시간이 없다면 매번 틀리는 문제와 지문만 따로 표시해 뒀다가 시간을 두고 다시 풀어보길 바란다. 한 번 틀린 문제는 두 번 다시 틀리지 않기도 하지만, 나처럼 자기주장이 강한 경우 똑같은 오답을 써서 틀리기도 한다.

마지막으로 국어 영역 성적을 올리기 위해 신문 사설이나 책을 많이 읽어야 한다는 주장도 있다. 사실 많은 글을 접하고 생각을 많이 하면 사고력이 올라가는 것은 맞다. 하지만 어차피 같은 시간을 국어 영역에 투자한다면 그냥 문제집을 푸는 것을 추천한다. 문제집에도 충분히 많은 읽을거리가 있고 제대로 읽었는지 확인까지 해 주는 문제가 있으니까.

무작정 책이나 사설을 읽기만 해서는 국어 성적이 오르지 않는다. 글의 주제부터 구조까지 파악하는 훈련을 반복해야 한다. 그런데 책이나 사설에는 문제도 없고 해설지도 없다. 그러니 문제집 지문을 통해 상식을 쌓고, 독해력을 기르시길 바란다.

수학 영역 공부법

수학은 고등학교 과목을 통틀어서 가장 어려운 과목이다. 유일하게 편법이나 벼락치기가 통하지 않는 과목이다. 따라서 단기간에 실력이 오를 방법이 있다고 생각하면 안 된다. 공식 암기나 문제 유형 암기를 통해 성적을 반짝 올릴 수는 있지만 개념이해 없이는 새로운 유형이나 고난이도 문제에 쉽게 무너진다.

수학은 내가 학생이던 시절에도 선행학습이 당연했던 과목이다. 과학고에 입학하는 학생은 중학생 때 고등학교 3학년 과정을 모두 끝내기도 한다. 수학 경시대회 입상을 노리는 수준에서는 정수론처럼 고등학교 교과과정을 넘어서는 내용까지 공부해야 한다.

나는 한국수학올림피아드 장려상까지밖에 못 받았다. 그러니 수학 올림피아드 입상을 노리는 분들에게 내가 해 줄 조언은 없을 것 같다. 여기에 나오는 내용은 아직 수학 공부를 본격적으로 시작하기 전이거나 수학 공부에 어려움을 겪는 학생들을 위한 조언이다.

○ 쉬운 문제부터 완벽하게 풀어라

수학은 탑을 쌓는 과정이다. 덧셈을 알아야 곱셈을 배울 수 있는 것처럼 수학은 각 단원을 차례대로 완벽하게 공부해야 한다. 여기서 완벽하게 공부한다는 것은 쉬운 문제는 구구단 외우듯이 풀 수 있는 수준이 된다는 것이다.

선생님의 설명을 듣거나 개념서를 읽을 때 이해가 된다는 수준 으로는 부족하다. 다량의 문제를 풀어서 개념을 '암기'해야 한다. 가장 기본적인 응용문제들을 생각 없이 풀 수준이 된 다음에 어려 운 문제를 풀어야 한다. 처음부터 『실력 수학의 정석』의 연습문제 에 도전하면 공부 속도도 느려지고 자신감도 떨어진다.

참고로 나는 정석으로 공부하지 않고 『개념원리 수학』으로 공 부했다. 내겐 『기본 공통수학의 정석』도 너무 어려웠다. 처음 진도 를 나갈 때는 가장 쉬운 책으로 시작하는 것이 좋다. 교과서도 괜 찮다고 생각한다. 교과서에 실린 문제들이 가장 무난한 난이도의 문제라고 봐도 된다.

만약 고등학교 수학도 어렵다면 중학교 수학에서 부족한 개념 부터 잡고 시작해야 한다. 고등학교 교과과정에서 잘 안 다루는 도 형 파트는 아니더라도 함수, 방정식, 부등식과 같은 기본은 확실하 게 이해해야 한다.

어려운 문제를 풀 수 있으면 쉬운 문제도 충분히 풀 수 있다는 주장은 맞다. 하지만 그건 어려운 문제의 풀이를 이해할 수 있을 때가 아니라, 어려운 문제를 막힘없이 풀 수 있을 때나 맞는 말이 다. 개념이해가 충분하지 않아도 문제풀이를 하나하나 쫓아가는 것은 가능하다. 그렇다고 비슷한 난이도의 문제를 막힘없이 풀 수 있는 것은 아니다.

모든 수학 문제는 기본 유형 문제들을 합치거나 꼬아서 만든다. 시간이 걸리더라도 기본 유형 문제를 완벽하게 익히고 나서 한 단계 높은 난이도의 문제에 도전하라. 한 단계 높은 난이도의 문제가 어떤 기본 유형 문제를 변형해서 만들어졌는지를 살펴보면 출제자의 고민까지 눈에 들어온다.

○ 가르칠 수 없다면 잘 모르는 것이다

수학은 완벽한 개념이해가 필수다. 정말로 개념을 완벽하게 이해했다면 옆 사람에게 개념을 설명할 수 있어야 한다. 공식을 유도하는 과정까지 외우지는 못해도 유도하는 과정을 보면서 설명해 줄 정도는 되어야 한다. 수학 선생님처럼 수업을 해도 될 수준이면 딱 맞다.

문제 풀이도 마찬가지다. 풀이를 보고 이해하는 것은 이해하는 것이 아니다. 어려운 문제일수록 최대한 오랫동안 고민해 보는 버릇을 들여야 한다. 왜 문제가 어렵게 느껴지는지, 자신이 모르는 부분이 무엇인지를 아는 상태에서 풀이를 봐야 한다. 고민도 없이 풀이를 보면 풀이를 암기하는 것밖에 안 된다. 조금만 문제를 바꿔도 또 틀린다.

만약 주변 학생들이 당신에게 수학 문제를 물어보러 온다면 정말 좋은 기회다. 시간 뺏긴다고 생각할 수도 있지만, 쉽게 풀 수 있는 문제를 설명해 주는 것도 공부에 도움이 됩니다. 질문한 사람의 질문에 답해 주고 잘못 이해하고 있는 개념을 바로잡아주다 보면 개념이해가 탄탄해진다.

여러분은 여러분보다 학년이 낮은 학생들에게 수학 수업을 해 줄 수 있는가? 고등학교에서 배우는 미적분을 완벽하게 공부했다면 대학생이 아니더라도 중학생 과외 정도는 해 줄 수 있어야 한다. 그렇지 않다면 여러분의 수학 공부는 끝난 것이 아니다.

○ 모든 종류의 응용문제를 풀어 봐라

모든 수학 문제는 기본 유형 문제로 쪼갤 수 있다. 출제자가 그렇게 안 보이도록 교묘하게 숨겨 놓았을 뿐이다. 여러분이 개념을 확실히 이해하고 있고 기본 유형 문제를 막힘없이 풀 수 있다면 사실상 모든 문제를 풀 수 있다는 자신감을 가져도 좋다.

하지만 막상 어려운 문제에 부딪혀 보면 말처럼 쉽지는 않다.

응용력도 훈련해야 는다. 쉬운 문제에 익숙해졌다면 다양한 유형의 응용문제를 최대한 많이 풀어보는 것이 좋다. 다양한 형태의 문제를 경험할수록 문제 풀이 방법도 다양해지고 처음 보는 유형의 문제도 시간만 있으면 풀 수 있는 지혜가 생긴다.

기출문제 중에서도 정답률이 가장 낮았던 문제까지 막힘없이 풀 수 있는 수준이 된다면 경시대회 문제나 학력고사 기출문제를 풀어 보는 것도 도움이 된다. 일부 문제만 풀 수 있어도 수능시험 수학 영역은 계산 실수만 하지 않으면 100점 맞을 수 있다. 올림피아드 문제 수준에서 볼 때 수능시험 문제는 단순 계산문제나 다름없기 때문이다. 계속 강조하지만, 처음부터 어려운 문제를 공부해봤자 효율이 좋지 않다는 점을 기억하길 바란다.

수학은 기초가 정말 중요하다. 구구단 암기부터 미적분이나 벡터까지 모든 내용이 유기적으로 연결되어 있다. 초등학생 시절부터 누적된 공부가 결과로 나타나는 것이 수학이다.

예과생 시절, 과외 아르바이트를 할 때 가장 가르치기 쉬운 과목이 수학이었다. 국어나 영어와 달리 수학은 고등학교 과정까지 다루는 개념만 확실히 알고 있으면 수학 선생님 수준으로 가르칠 수 있기 때문이다. 수능시험 수준을 기준으로 보자면 정말로 '공부의 끝'이 있는 과목이다.

수학 공부에는 왕도만 있고 지름길은 없다. 교과서 첫 단원 가장 쉬운 문제부터 차례대로 공부해야 한다. 공부할 내용도 굉장히 많기 때문에 개인적으로는 선행학습을 권장한다.

영어 영역 공부법

영어 영역은 이제 최상위권 학생에게는 더 이상 시간을 투자할 과목도 아니게 되었다. 요즘은 영어 조기교육 때문에 영어를 잘하는 중·고등학교 학생이 차고 넘치는 것 같다. 예전에는 이런 학생들은 모두 외국어 고등학교에 모여서 서로 경쟁했는데 요즘은 초등학생 중에도 수능 영어 영역 만점자가 드물지 않은 것 같으니 말이다.

영어는 학문이 아니다. 말이다. 영어권 국가에서 태어나고 자라기만 하면 교육을 제대로 받지 못한 사람이라도 영어 하나는 유창하게 한다. 평생 동안 계속해서 영어를 듣고 읽고 쓰고 말해야 하는 환경에서 살아왔기 때문이다.

말은 습관이다. 많이 공부해야 느는 것이 아니라 많이 접하고 사용해야 능숙해진다. 외국에서 살면 자는 시간을 제외하고 끊임없이 영어를 접하게 된다. 그러나 우리나라에서는 하루 몇 시간 공부하는 시간이 영어를 접하는 시간의 전부다. 심지어 영어 수업조

차 대부분 우리나라말로 한다.

이런 상황에서 순수 국내파로서 수능 영어 영역을 준비하려면 접근 자체를 '시험공부'로 해야 한다. 오로지 시험 문제를 잘 풀 목적으로 공부해야 한다는 의미다. 영어 자체를 정복하겠다는 꿈은 수능 이후로 미뤄두는 것이 좋다. 짧은 기간 안에 영어를 정복하려고 하면 다른 공부할 시간이 부족해진다.

● 중요한 단어부터 모조리 외워라

기출문제나 고등학교 교과서는 고등학생이 알아야 할 어휘 수준을 알려준다. 수능시험에는 고등학생 수준을 벗어나는 단어에 나오면 친절하게 뜻을 알려주기도 한다. 단어 중에는 중요한 단어가 있고 중요하지 않은 단어가 있다. 영어 성적을 빠르게 올리려면 독해하다 모르는 단어가 아니라 시험에 잘 나오는 단어부터 외워야 한다.

독해 문제집을 풀 때 가장 안 좋은 버릇이 바로 나만의 단어장을 만드는 일이다. 독해 문제집을 어휘 공부의 수단으로 삼으면 안 된다. 독해 훈련에 집중해야 한다. 즉, 모르는 단어가 있는 상태에서도 뜻을 짐작해 문제의 답을 찾는 연습을 해야 한다. 모르는 단어를 발견하기 위해 독해 문제집을 푸는 것이 아니다.

물론, 모르는 단어와 해석이 안 되는 문장이 나오면 사전을 찾아 보고 해설을 보면서 공부해야 한다. 하지만 이 과정에서 모르는 단어를 매번 암기 노트에 옮겨 적으면 번거롭고 시간도 많이 빼앗긴다.

자신만의 단어장은 일종의 오답노트다. 한 지문에 모르는 단어가 하나 있을까 말까한 수준에 도달한 다음에 만들어도 늦지 않다. 기출문제, 시중에 파는 단어장, 학원 교재, 교과서에 나오는 단어부터 외워라. 공부하다가 어쩌다 나오는 단어를 외워 봤자 실전에 도움이 될 가능성은 희박하다.

단어를 외울 때는 예문과 발음이 중요하다. 어떤 단어든 문자 · 소리 · 의미 삼박자가 모두 맞아야 오래 기억할 수 있다. 주관식 시험에 대비하는 것이 아니라면 종이에 쓰면서 외우지는 마라. 최대한 발음을 듣고 따라 읽어 보고, 외우려는 단어가 많이 들어간 예문을 자주 읽고 기왕이면 소리 내서 발음해라.

○ 영어 어순으로 이해하라

영어는 우리나라말과 어순은 물론 구조 자체가 아예 다르다.

우리나라 말에는 조사가 있지만 영어에는 없다. 대신 우리나라말에는 전치사, 관사, 관계대명사 등이 없다. 영어와 국어는 1:1 대응이 안 된다. 그래서 영어로 된 글을 한글로 번역하는 것은 영어를 읽고 이해하는 것보다 훨씬 어렵다.

가장 쉬운 구문으로 예를 들어 보겠다. "Put your hands up!"을 한글로 번역하면 무슨 뜻일까? "너(희들)의 양손을 들어!"라고 직역하면 어딘가 어색하지 않은가? 차라리 'put해라 your hands를 up으로'라고 해석하면 어떤가? 그래도 어색하다. 조사도 빼고 'put / your hands / up'으로 이해하는 것이 가장 좋다.

원어민들은 모든 말과 글을 다 이렇게 이해한다. 가주어, 수식어, 5형식 문장 등을 따져 보지 않고도 이해한다. 이게 원어민들이 생각하는 방식이다. 올바르게 독해하려면 영어식으로 생각하는 훈련을 해야 한다.

의미가 잘 이해가 안 되는 문장은 구조를 철저히 분석해야 한다. 그러나 그런 다음에는 반드시 그 문장을 영어식으로 다시 읽어봐야 한다. 읽으면서 바로 이해가 가능해야 제 시간 안에 모든 문제를 풀 수 있다. 최소한 기출문제 정도는 이해 안 되는 문장 구조가 없어야 한다.

o 영어 듣기는 모든 유형을 통째로 익혀라

상위권으로 갈수록 영어 듣기 문제가 더 부담이다. 독해와 달리 한 번 놓치면 두 번 다시 들을 기회가 없기 때문이다.

영어 듣기 실력을 올리는 방법 중 가장 확실한 것이 받아쓰기다. 그러나 시간이 너무 많이 걸린다. 우리나라말도 긴 문장은 한 번에 받아쓰기 힘들다. 방금 들은 문장을 정확하게 외워서 쓰는 것과 듣고 이해하는 것은 다르다.

사실 대본을 완벽하게 듣지 않아도 대부분의 듣기 문제는 풀 수 있다. 따라서 처음부터 완벽하게 듣는 공부를 하기 보다는 문제 유형을 파악하고 보기를 미리 읽고 어떤 내용을 듣게 될지 예상하는 연습을 하는 것이 좋다.

따라서 영어 듣기 문제집을 푸는 순서는 다음과 같다. 첫째, 실전처럼 문제와 보기를 먼저 읽고 어떤 내용이 흘러나올지 예상한다. 둘째, 자신의 예상과 비교하며 문제를 푼다. 셋째, 문제를 채점하고 다시 듣는다. 넷째, 대본을 읽으면서 들어보고 안 들렸던 부분이나 잘못 들은 부분을 체크한다. 마지막으로 다시 들어보면서 모든 말이 들리고 내용이 이해되는지 점검한다.

마지막으로, 틀렸던 문제나 놓쳤던 부분이 많은 문제는 며칠 뒤에 다시 들어본다.

○ 고등학교 수준 이상은 공부하지 마라

수능 영어 영역을 정복하려고 TEPS나 TOEFL 같은 어려운 영어를 공부하는 것은 좋지 않다. 사용하는 어휘나 지문의 종류도 다르며, 무엇보다 시간 대비 효과가 좋지 않다. 기출문제 중 정답률이 낮았던 문제도 무난하게 해석할 수준이면 충분하다. 이미 그 수준에 도달했다면 다른 과목을 공부하는데 시간을 더 할애하거나 실수를 줄이는 연습을 해야 한다. TEPS 점수가 900이 넘는 실력을 갖춰도 정작 실전에서 실수로 틀리거나 듣기를 놓치면 모두 헛수고다.

○ 문법은 문법 문제집으로 정복해라

비중이 높지 않은 어법 문제를 맞히기 위해 문법책을 차례대로 보는 것은 좋지 않은 방법이다. 나는 수능을 한 달 앞두고 얇은 문법 문제집을 두 권을 사서 한 번에 풀었다. 문제집, 모의고사, 기출에서 언급된 문법만 완벽하게 알아도 충분하다. 문법 이론 정리도 문제집에 언급된 설명으로 충분하다.

영어 영역은 꾸준한 노력이 필요하다. 처음에는 속도보다는 정확한 해석에 집중하자. 가급적 영어 어순 그대로 이해하려고 노력하자. 아는 어휘가 늘고 영어 문장이 익숙해지면 속도는 따로 훈련하지 않아도 빨라진다.

다시 강조하지만, 영어는 학문이 아니라 언어다. 지금 영어가 어려운 것은 충분한 영어 경험치가 쌓이지 않았기 때문이다. 영어는 머리가 나빠도 누구나 배울 수 있고 반복해서 사용하면 누구나 잘 할 수 있다.

서울대 의대 수석의 혼공 바이블

공부의 쓸모

초판 1쇄 발행 2018년 7월 6일

개정판 1쇄 발행 2021년 8월 10일
개정판 6쇄 발행 2023년 5월 31일

지은이 송용섭 **그림 표지** 강한 **본문** 허애리

펴낸이 김선식
경영총괄 김은영

책임편집 이여홍 **책임마케터** 오서영
콘텐츠사업7팀장 김민정 **콘텐츠사업7팀** 김단비, 권예경
편집관리팀 조세현, 백설희 **저작권팀** 한승빈, 이슬
마케팅본부장 권장규 **마케팅1팀** 최혜령, 오서영
미디어홍보본부장 정명찬 **디자인파트** 김은지, 이소영 **유튜브파트** 송현석, 박장미
브랜드관리팀 안지혜, 오수미 **지식교양팀** 이수인, 염아라, 석찬미, 김혜원, 백지은
크리에이티브팀 임유나, 박지수, 변승주, 김화정 **뉴미디어팀** 김민정, 이지은, 홍수경, 서가을
재무관리팀 하미선, 윤이경, 김재경, 안혜선, 이보람
인사총무팀 강미숙, 김혜진, 지석배, 박예찬, 황종원
제작관리팀 이소현, 최완규, 이지우, 김소영, 김진경, 양지환
물류관리팀 김형기, 김선진, 한유현, 전태환, 전태연, 양문현, 최창우
외주스태프 본문 구성 김서윤 표지 디자인 최우영 본문 디자인 박재원

펴낸곳 다산북스 **출판등록** 2005년 12월 23일 제313-2005-00277호
주소 경기도 파주시 회동길 490 다산북스 파주사옥
전화 02-702-1724 **팩스** 02-703-2219 **이메일** dasanbooks@dasanbooks.com
홈페이지 www.dasanbooks.com **블로그** blog.naver.com/dasan_books
종이 IPP **출력 및 인쇄** 민언프린텍 **후가공** 제이오엘앤피 **제본** 정문바인텍

ISBN 979-11-306-4022-8 (13370)

다산북스(DASANBOOKS)는 독자 여러분의 책에 관한 아이디어와 원고 투고를 기쁜 마음으로 기다리고 있습니다. 책 출간을 원하는 아이디어가 있으신 분은 다산북스 홈페이지 '투고 원고'란으로 간단한 개요와 취지, 연락처 등을 보내 주세요. 머뭇거리지 말고 문을 두드리세요.